堀部安嗣の建築

form and imagination

堀部安嗣の建築

form and imagination

TOTO出版

目次

はじめに
form and imagination

ほしいものはかたちではない。

ほしいものは静かな光で満たされた、ゆったりとした時間。
ほしいものは自然と人の営みとの調和のとれた関係。
ほしいものは、「ここに居ることができる」と感じられる状態。

どれもかたちではない。

しかし私は、具体的な寸法、材質、構造、色をもった、
目に見えるかたちをつかって表現しなければ、建築をつくれない。
そんな宿命を背負っている。

では、どうすればよいのだろう。

人は今、過去にも遠い未来にも行くことはできない。
しかし人は、イマジネーションという優れた力をもっている。
その力によって、大昔の人の気持ちや営み、大昔の自然環境や地形、
大昔の技術や研鑽を知ることができる。

その力によって、建築がどう年をとって、どう人に愛され、
どう環境と調和して風景に馴染んでいき、
そして人が病に伏したときや大雨、強風のときに、
どう人を守っていくのかも知ることができる。

時間のイマジネーションを広げながら、具体的に緻密に、
そして均衡と調和を真剣に追及して生まれた時間軸をもつかたちは、
「豊かな抽象」としてあらわれる。

豊かな抽象となったかたちとは、建築本来の姿にほかならない。
そして、さらなる新しいイマジネーションが広がりはじめるのだ。

南の家

1995

広間西面を見る。

左／ガラス戸を閉めた広間の南面開口部を見る。構造の柱とガラス戸の中桟が開口部を引き締める。庭の木々は竣工後12年間でさらに成長し、広間の窓は蒼々とした色で満たされる。
上／南面開口部に設えた雨戸、網戸、ガラス戸、障子、簾《す》戸《ど》のすべてを戸袋に引き込んでフルオープンとなった状態。床レベルを地面すれすれに設定している。軒の出は壁芯より1,500mm。
下／南面開口部のディテール。

簾戸を閉めた状態の広間西面を見る。サイドボードは
この空間のために設計したもの。

障子を閉めた状態の広間東面を見る。左手の扉はタタミ室につながる。

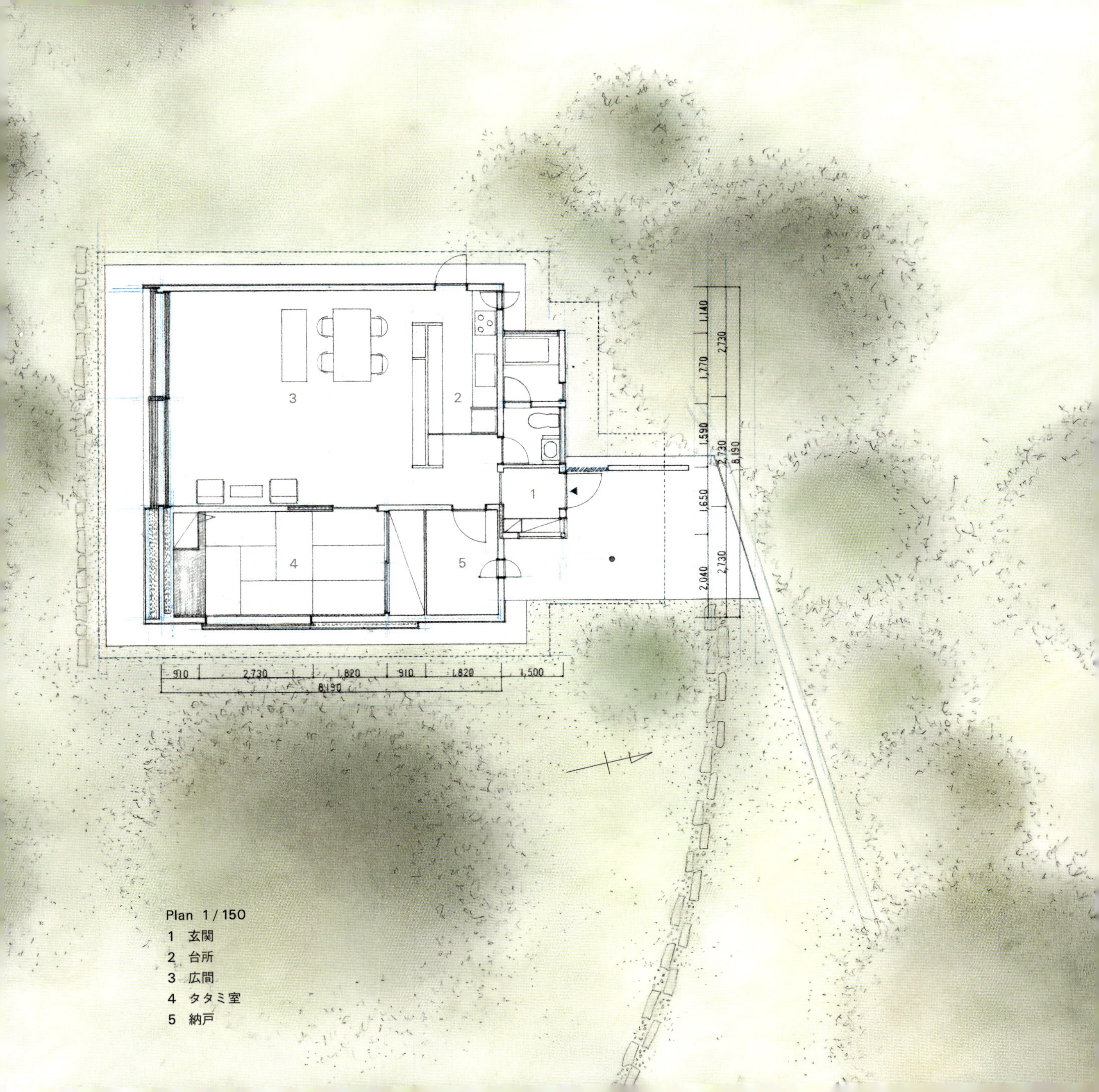

Plan 1 / 150

1 玄関
2 台所
3 広間
4 タタミ室
5 納戸

左／玄関より広間を見る。円形のトップライトを設けている。
中左／簾戸を閉めた状態の開口部を玄関方向から見る。
中右／テーブルより南面開口部を見る。
右／建具の種類によって広間の雰囲気が一変する。

広間全景。低い重心の空間を意図している。天井高は2,190mm、壁、天井は漆喰塗り。床は厚さ30mmの杉板に染色仕上げ。

鹿児島県の北部、陸の孤島のような山間の小さな町に建っている。

週末、喧騒な都会をはなれて静かなこの地で過ごすことを目的とした住宅であるがゆえに、余計なもののない、なるべくシンプルな建築にしたいと思った。

敷地の南には水田が広がっている。この地で生まれ育った施主がこの場所の「地べた感」を強く感じられるように、水田の延長のような床を地面すれすれに築き、その床の水平方向の広がりと重心の低さを強調するために天井を低く抑えている。

「家は大きく、高くなければならない」という地元の家づくりの慣習に対して逆らうような設計は、当時なかなか地元の人に受け入れてもらえなかったが、12年を経過した今は町の風景にも馴染みだし、成長した鬱蒼とした木々の木陰にひっそりと佇み、設計当初思い描いていた姿に近づいてきたように思う。

今改めて訪れてみると、そのときの荒削りながらも建築に向き合う純粋な自分の気持ちを感じることができ、「ここが自分の原点なのだ」という思いを強くした。

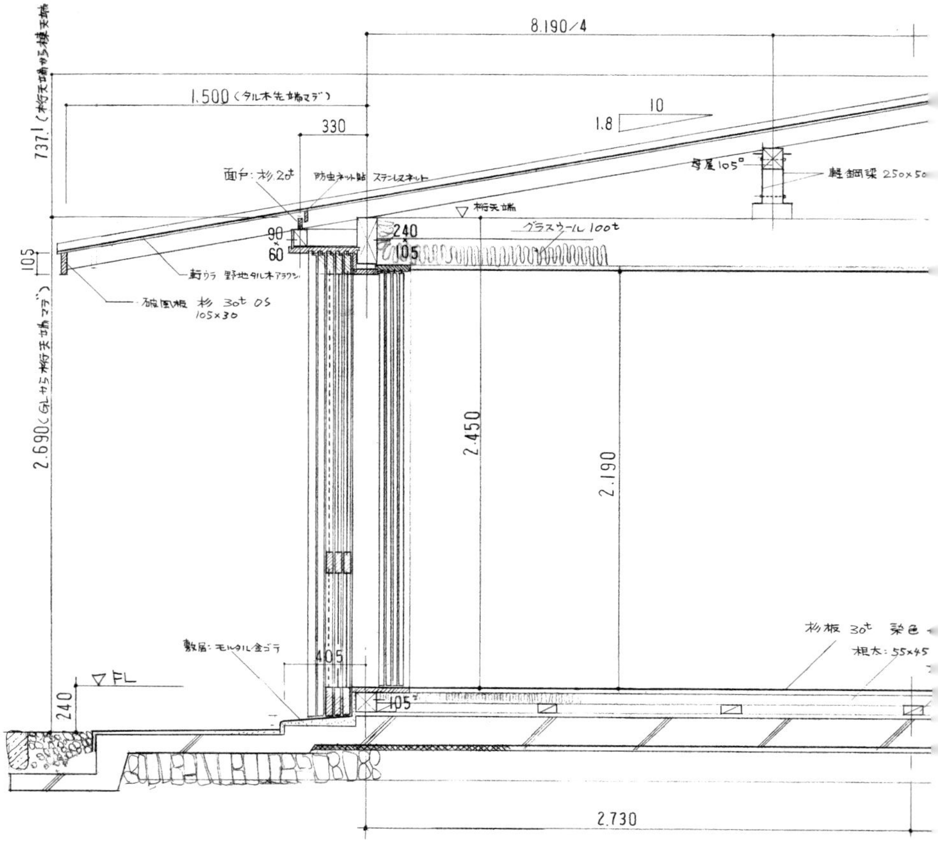

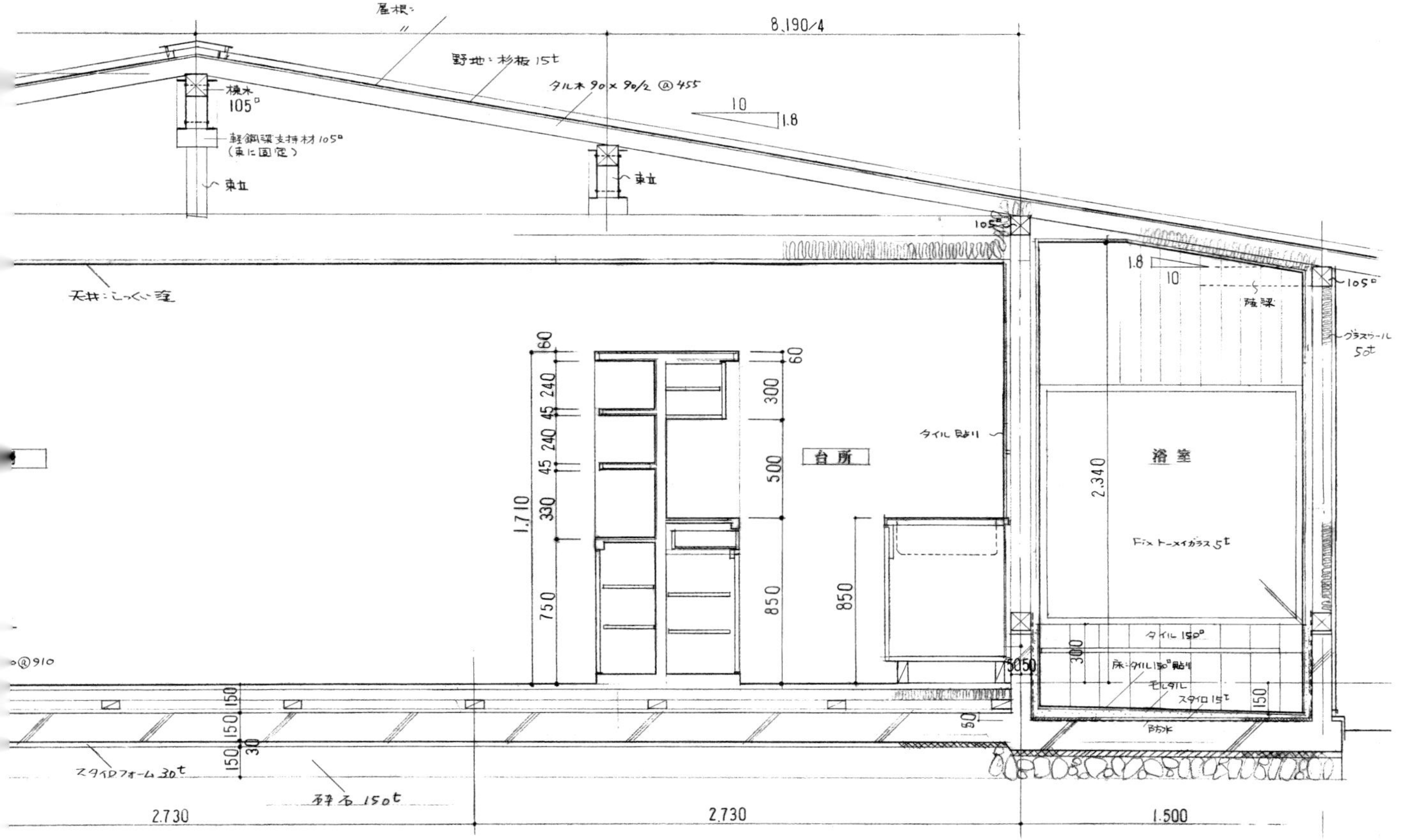

南の家　断面詳細図。実施図面より。

タタミ室。壁、天井は漆喰塗り。東面に地窓を設けている。かつて母屋で使われていた糸車が置かれている。

タタミ室東面の窓のディテール。外部には横格子を設けている。

緩勾配の切妻屋根の東面外観。築12年をむかえて前庭の紅葉の木がさらに成長し、建物を覆うようになっている。外壁には杉板の上に墨汁を混ぜたオイルステインを塗っている。

024・025

居場所の感覚

たとえば、誰もいない砂浜でビーチパラソルを立てる。たった1本の柱とわずかな日影ができるだけで、人の居場所ができる。その場所にやがて人が集い、ほかの場所ではできなかった人と人との会話や営みが生まれてくる。
そんな、「建築のはじまり」ともいえる原初的な居心地のよさをうまく表現できたらと、いつも思う。

思い返してみると、砂浜にパラソルを立てるとき、公園にゴザを敷くとき、どんな人でも道路や波打ち際、あるいは隣の人との距離に対して近からず遠からず、「ここしかない」絶妙な場所を選ぶ。そこには、たいてい気持ちのよい風も吹いているだろう。現代に生きる人もまだ、原初的な場所への感覚を決して衰退させていないことを知る。

広大な敷地に建築を設計する機会が多かった。どこに建物を置くのか、どこにメインの場所を据えるのか、よく頭を悩ませた。でもその悩みがなかなか晴れないときは、たいてい設計者の視点で色眼鏡をかけて敷地に向き合っているときだ。
そんなときは設計者という立場からはなれ、その敷地にビーチパラソルを立てるように公園にゴザを敷くように場をつくり、原初的な人の居場所をしっかり表現しなければと、襟を正す。

設計した家の棟が上がり、屋根が架かる。その家の最初の住人は、職人だ。職人は休憩のとき、まるで猫のように自然にその家の中で居心地のいい場所を見つけて弁当を食べたり昼寝をする。気持ちのいい風の吹くところ、適度な広さや狭さのあるところ、快適な日影や日向のあるところ。まだ空調設備もないときから暮らしをはじめているので、その家の一次的な心地よさを一番よく知っている。
こちらが机上で居心地がよくなるだろうと考えていた場所が意外にも職人に人気がなかったり、反対にこちらが思いもしなかった場所が意外と快適で居心地のよい場所になっているということを、職人の営みで認識する。
もちろん、空調設備や仕上げの材料や建具や家具といった二次的三次的な措置によって、建築は表層的にどんどん快適にすることができる。けれども一次的な快適性に欠けた建築やあるいは一次的な快適性を生かしていない建築は、どうも生命感と魅力に乏しく、飽きが早く来てしまうような感じがする。

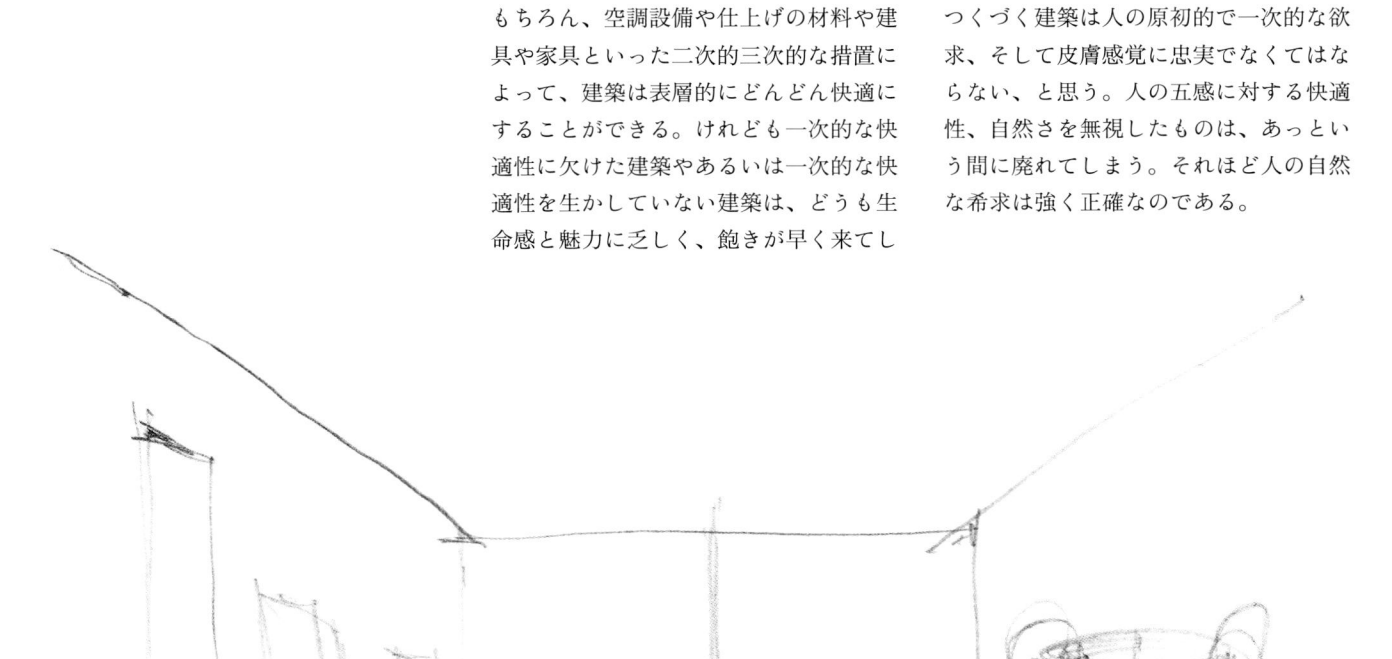

つくづく建築は人の原初的で一次的な欲求、そして皮膚感覚に忠実でなくてはならない、と思う。人の五感に対する快適性、自然さを無視したものは、あっという間に廃れてしまう。それほど人の自然な希求は強く正確なのである。

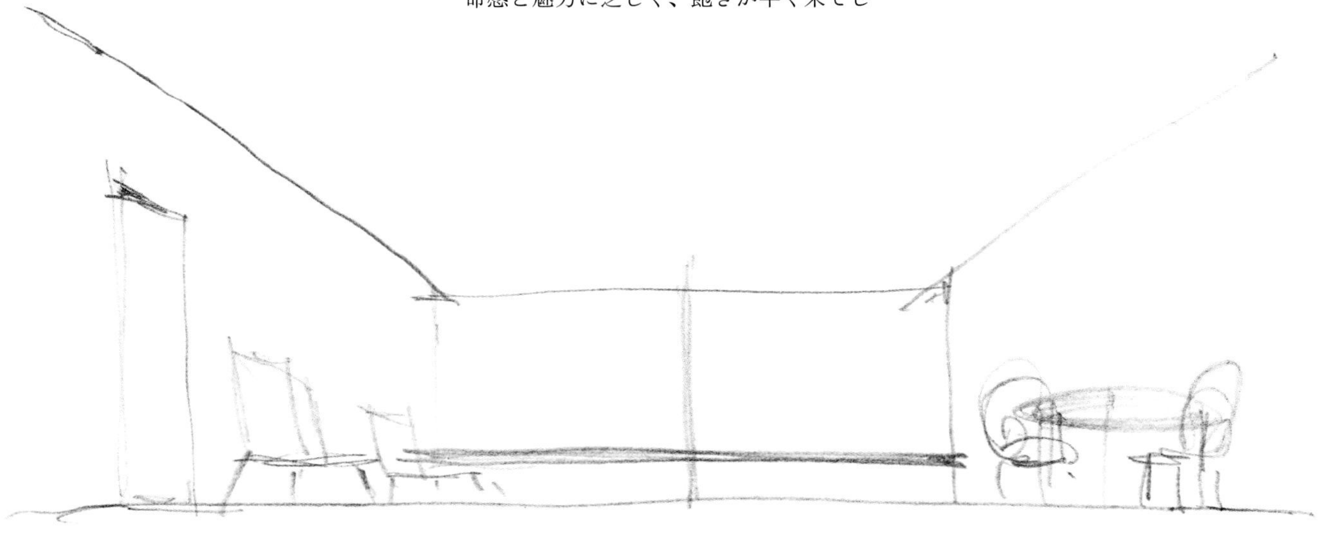

ある町医者の記念館

1995

古く簡素な医療器具や家具がポツポツと置かれた内部空間。正面の楕円形をした白い壁の中は展示室２になっている。床はモルタル塗り。

やわらかい光が展示空間を満たす。天井高は高いところで5,600mm。天井は漆喰塗り、壁は砂漆喰塗り。

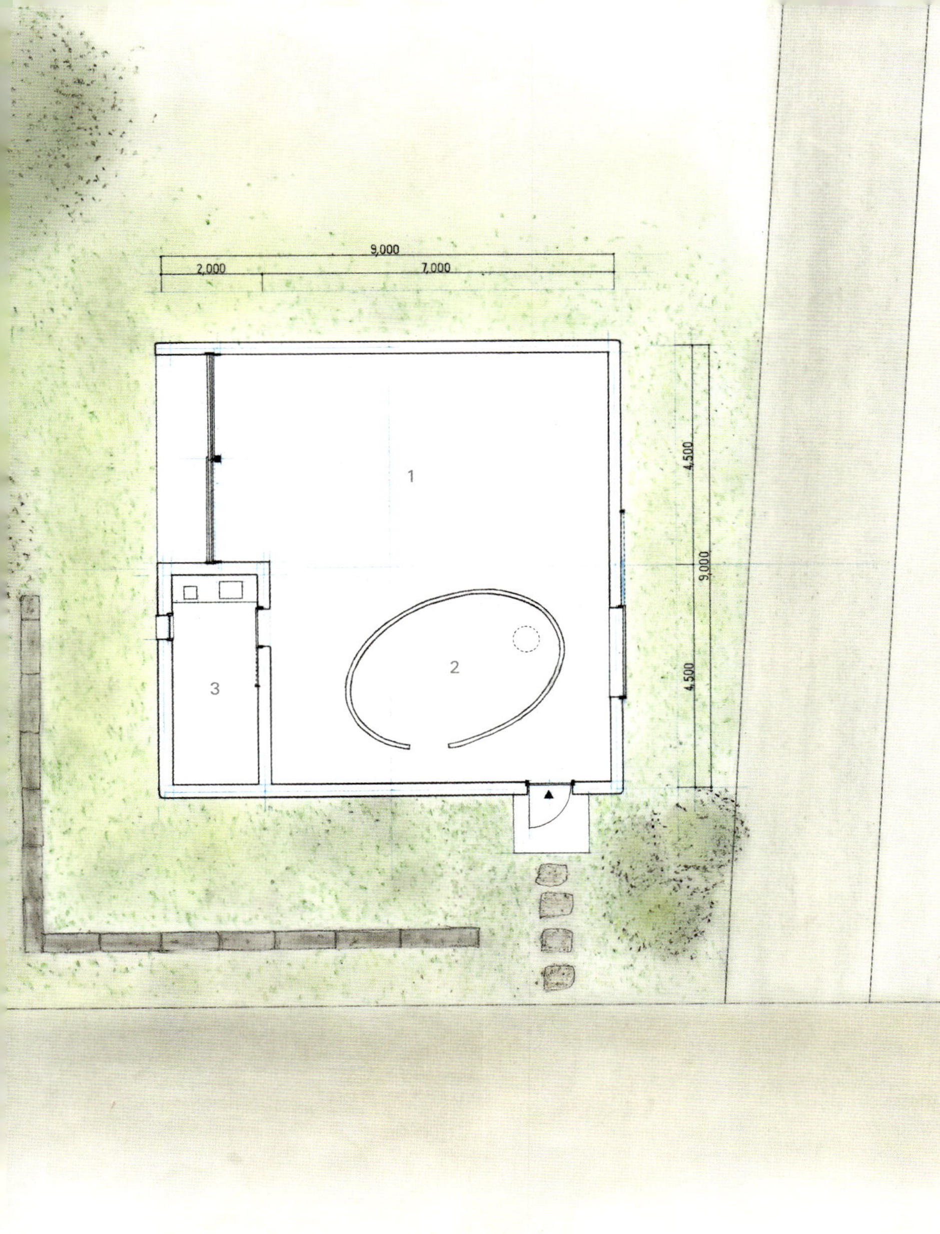

Plan 1 / 150

1 展示室 1

2 展示室 2

3 収蔵庫

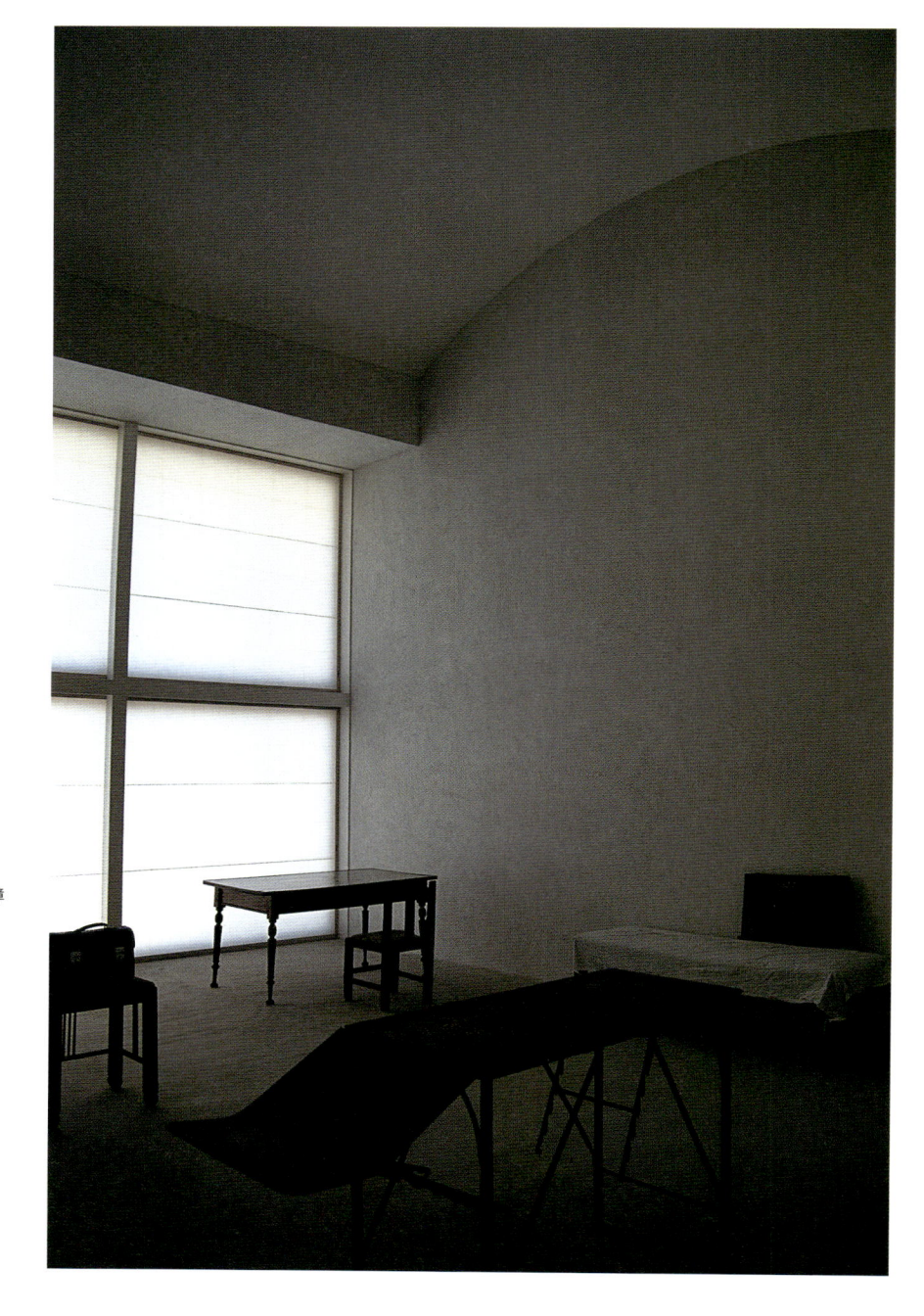

南面開口部を見る。透明のアクリルの桟でつくった障子を設けている。開口部の高さは4,500mm。

南面開口部より玄関方向を見る。

楕円のカーブの途中に設けた開口は、展示室２の入り口。その奥右手に玄関扉が見える。大きく弧を描く白い天井によって、距離感がつかみにくい空間になっている。

玄関扉を開けて中に入ったところ。楕円の壁と光が展示室１へと誘う。

展示室2。天井に開いた丸い穴から展示室１の光が入ってくる。

ある町医者の記念館　立・断面図。実施図面より。

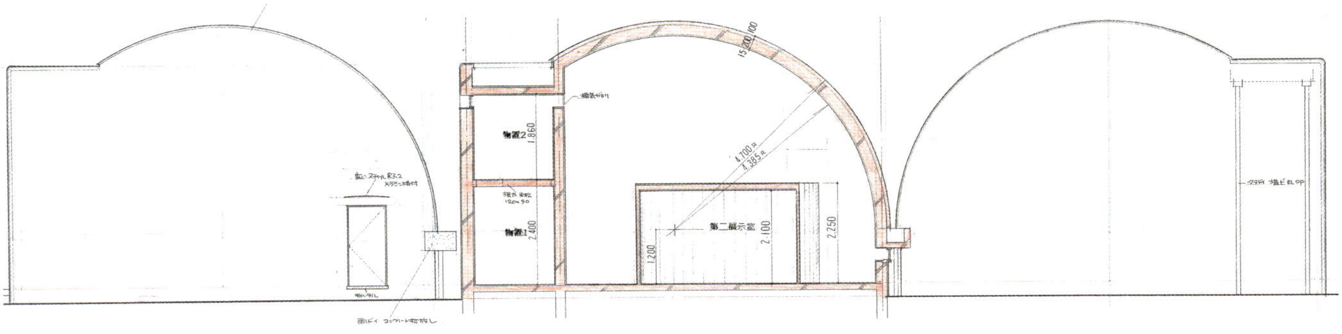

この地で地域医療に貢献し「赤ひげ先生」と呼ばれた故・前原則知《のりちか》医師の業績を称えて記念し、かつての診療所の隣につくられた。前原医師は、93歳で亡くなるその日まで医療に従事した。長年にわたって使われていた、今となっては簡素な医療器具や診療所に置かれていた家具などを、無愛想に、ただポンと置いただけの抽象的な空間である。単なる郷愁に浸る場所でも、あれこれ説明を加えられながら納得する空間でもない。静かな光に包まれながら、新たな視点が拓かれ遠くに延びていくような、そんなやわらかくおおらかな場所にしたかった。

ここで表現した「抽象性」は、その後の設計活動でも自分自身に大きな影響を与えている。

鹿児島の辺境の地にあるにもかかわらず、全国各地からポツポツと来訪者があると聞いている。

左／石塀越しに玄関扉を見る。
右／全景。築12年を経過し、竣工時に植えた楠の木が2倍近い高さに成長している。かつての診療所は左手の空き地に建っていた。

竣工半年後の東面外観。外壁は砂漆喰塗り。石塀はかつて診療所の塀として使われていたものを新たに積みなおした。玄関の高さを1,830mmと低く抑えている。

秋谷の家

1997

042・043

南面外観。眺望と防湿のため床は地面より約1,000mm上がっている。上がった床レベルと地面とを階段でつなぎ、庭と一体となった生活ができるようにした。

広間よりテラス越しに海を見る。ガラス戸、網戸、障子は左右の戸袋に引き込まれ、テラスに対してフルオープンになる。

現存していた和風庭園をそのまま残し、それを生かすように建物の計画を行っている。

046・047

障子を介して海の風景を見る。

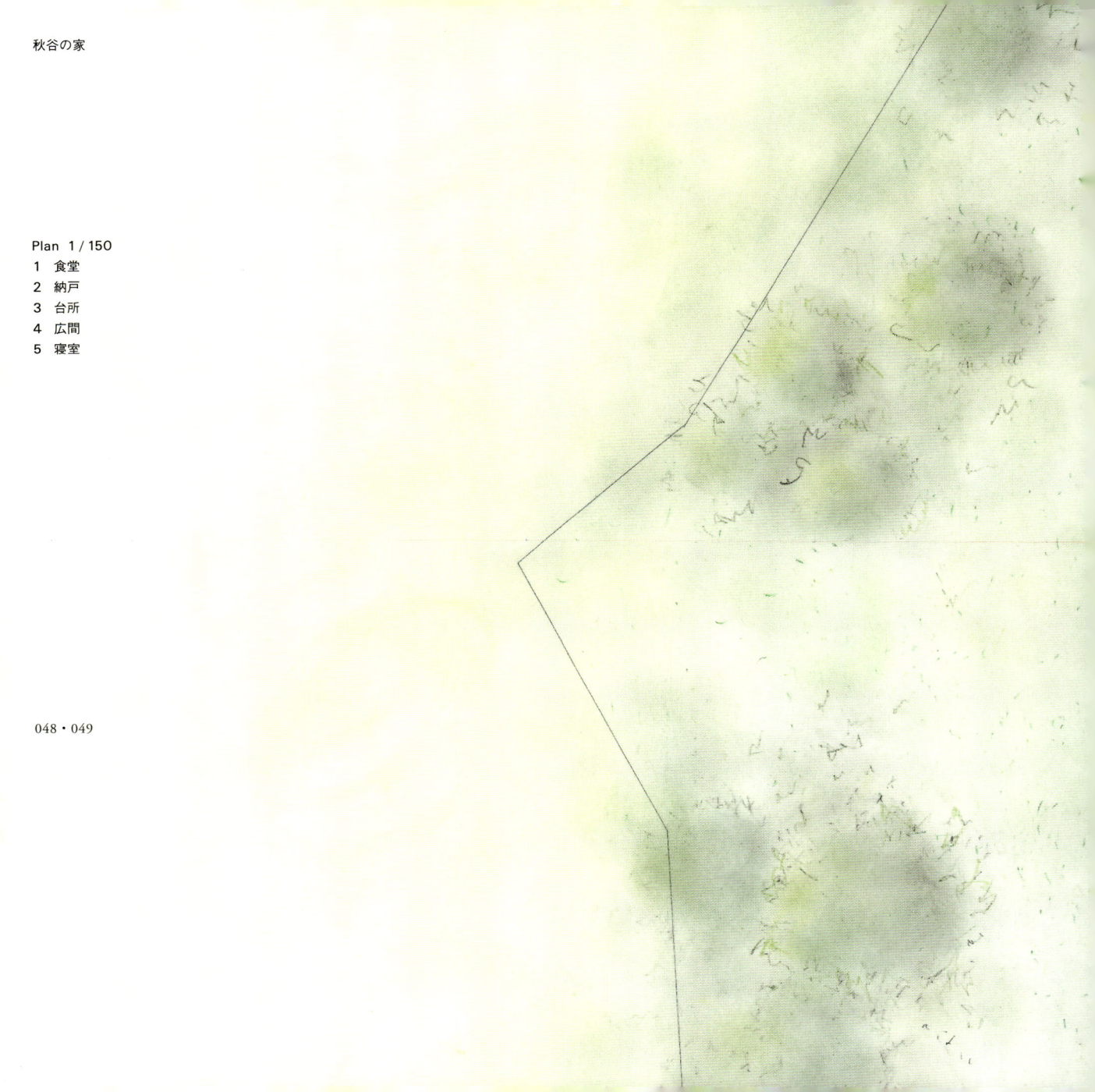

秋谷の家

Plan 1 / 150

1 食堂
2 納戸
3 台所
4 広間
5 寝室

048・049

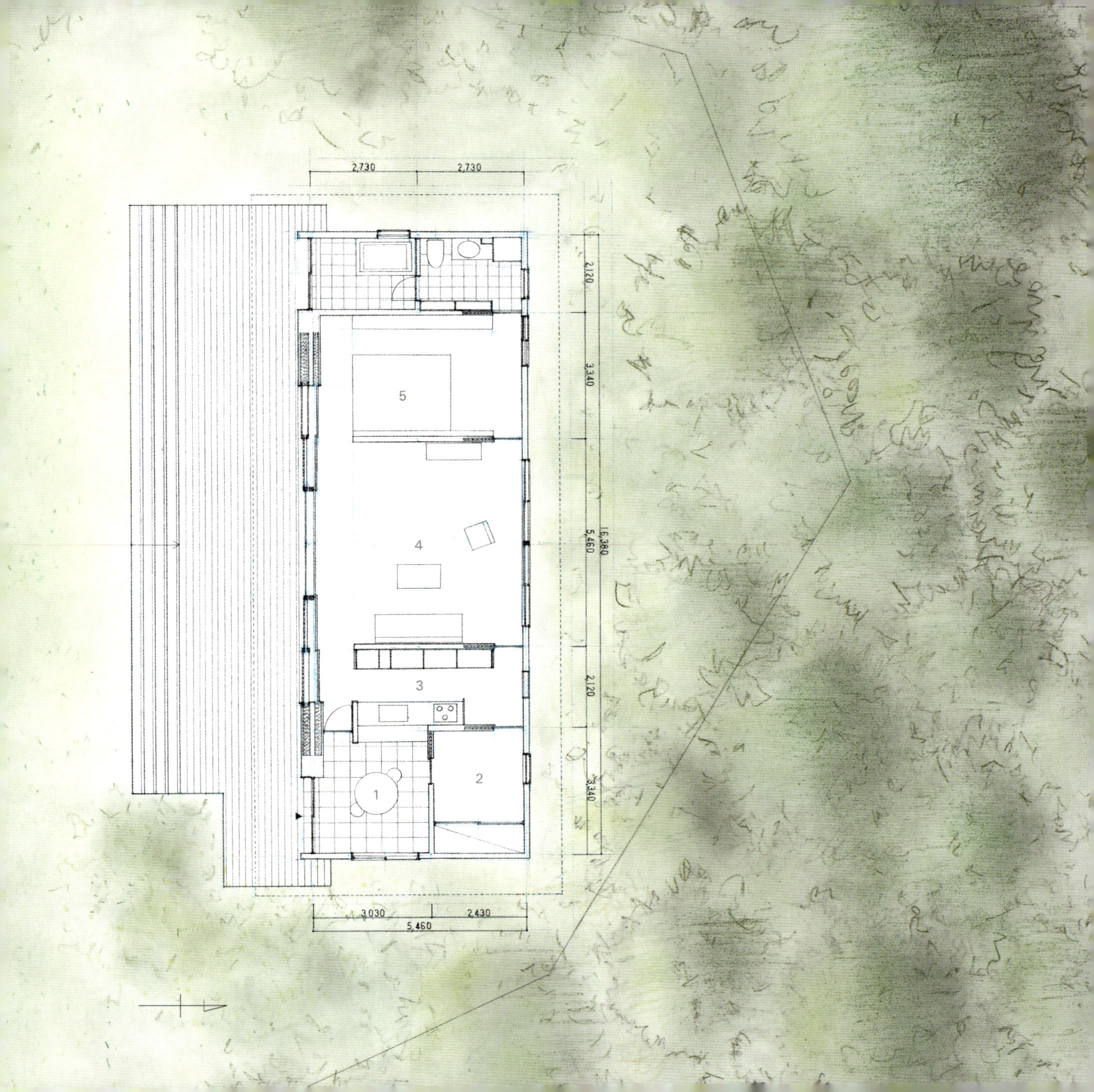
2,730
2,730
2,120
3,340
5,460
16,380
2,120
3,340
5
4
3
2
1
3,030
2,430
5,460

相模湾を一望する高台に建つ平屋の住宅である。
「海を眺めながら、開放的な暮らしをしたい」という施主の要望を受け、海に対して各部屋をリニアに配置し、どこの部屋からも青い水平線が望めるようにした。各部屋と部屋の間には可能な限り仕切りを設けず、全体が大きな一室空間のようになっている。そのことは、海に向かってつくったどの部屋とも面する大きなテラスがあることでさらに強調されている。かつてこの場所には、瓦屋根の古い日本家屋と松の木をはじめとする和風庭園があった。建物は老朽化のため取り壊したけれども、庭や樹木は残し、その風情や雰囲気を壊さないようにかつての景観に溶け込むような家にすることを心がけた。

寝室からも海を眺めることができる。

障子を閉めた状態の寝室。

南面夜景。切妻屋根のシンプルなフォルム。左端は浴室、右端は玄関も兼ねる食堂。

大宮の家

1998

南面全景。1階の左手が2世帯の共有スペース、右手が親世帯のスペース、2階が子世帯のスペースとなっている。RCの薄肉ラーメン構造に木造の小屋が架かる混構造。開口部はすべて木製となっている。

左／両世帯共有の玄関ホールとしての機能をもつ土間。奥に両世帯共有の和室が見える。天井はコンクリート打ち放し、床は黒御影石。
上／南面外観見上げ。1階手前、扉が開いているところが土間の入り口。2階には木造の深い軒が出ている。
下／土間北面。奥に子世帯に上がる階段が見える。右手の扉は親世帯への入り口。

両世帯が使用する和室。障子の意匠は土間の格子戸の意匠と合わせている。天井、壁は聚楽塗り。

1階親世帯の広間。右手は土間からの入り口。天井高は2,245mm。天井は漆喰塗り。床はナラ無垢フローリングで床暖房を施している。

大宮の家

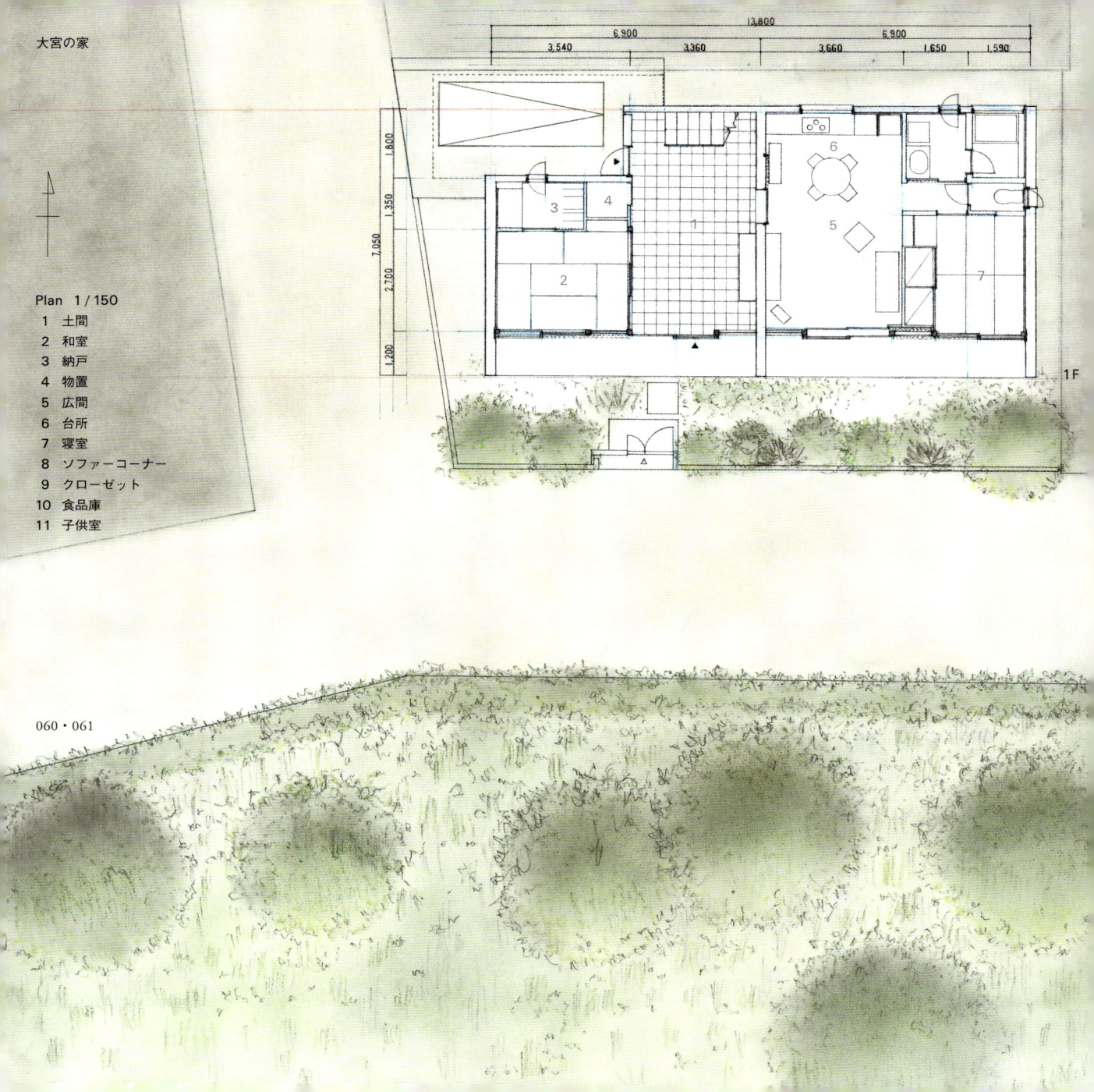

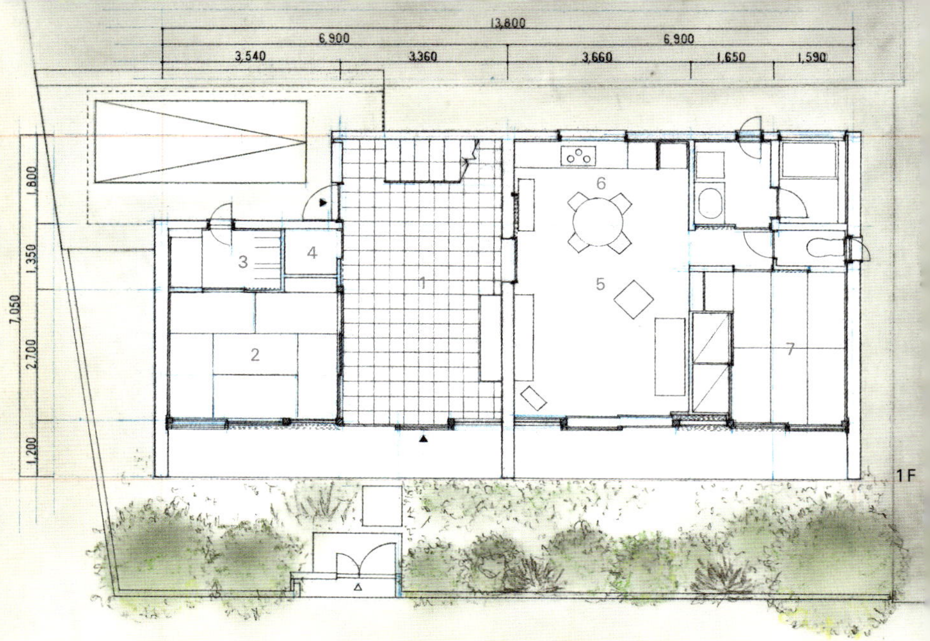

Plan 1/150

1 土間
2 和室
3 納戸
4 物置
5 広間
6 台所
7 寝室
8 ソファーコーナー
9 クローゼット
10 食品庫
11 子供室

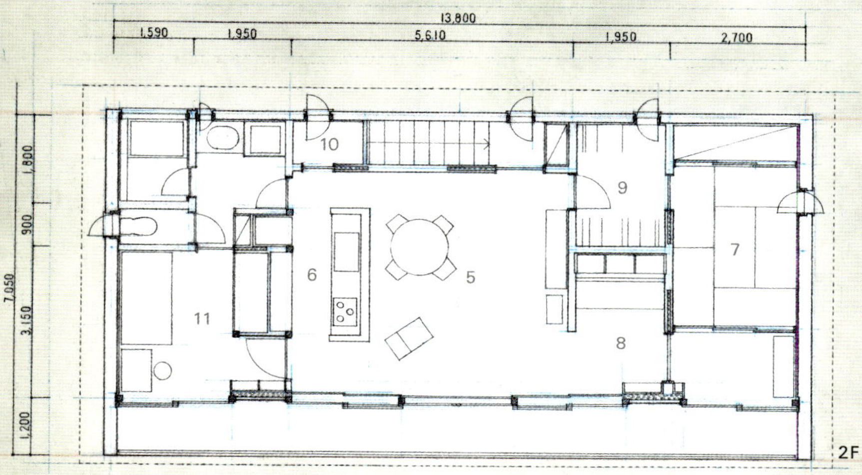
13,800
1,590
1,950
5,610
1,950
2,700
1,800
900
7,050
3,150
1,200
10
9
7
6
5
11
8
2F

2階子世帯の広間。天井はメラピベニヤ。天井高は高いところで2,600mm、低いところで2,025mm。ベランダに対して建具をすべて開け放つことも可能になっている。床はナラ無垢フローリングで床暖房を施している。

064・065

南に梅林を望む、郊外の住宅地に建つ二世帯住宅である。
1階の半分が土間と和室からなる共有スペース、もう半分は親世帯のスペース、そして2階は子世帯のスペースとなっており、その3つのスペースがRCの壁とスラブ（床版）によって明快に分かれている。裏の家への日照も配慮して建物の高さを極力抑えており、また全体としてコンパクトで無駄のない寸法とスケールで構成することに注力した。
開口部はアルミサッシをいっさい使用せず、すべてを木製にしている。打ち放しや漆喰の壁、ベニヤの天井、コンクリートブロックでつくった流し台、無垢のフローリング——。どれも素朴な材料でまとめ、質実剛健な住宅となるように心がけた。
竣工当時にはまだいなかった子供が生まれて、両世帯と共有のそれぞれのスペースが生き生きと活性化され、このプランの潜在的な力を引き出してくれたように思う。

左／2階寝室より広間を見る。右手奥にはソファーコーナーが設けられている。
中／食卓の風景。台所の流し台はコンクリートブロックを積んでできている。
右／広間の南面開口部を見る。向こうに梅林を望むことができる。

築9年をむかえた全景。

伊豆高原の家

1998

居間東面。開口部からの光がグラデーションとなって
砂漆喰の壁を彩る。

居間南面。海の見える方向に彫りの深い窓を穿《うが》いている。竣工から９年が経過し、窓の外の樹木の成長によって見える海の面積が少なくなっている。天井高は高いところで3,600mm。右手の白い柱は棟木を支える。

開口部のディテール。ガラス戸のほかに折りたたみ式の網戸を設けている。

居間西面。壁に掛かっているのは、この空間のために制作された彫刻家・袴田京太朗の作品「夜の誕生」。白い手摺壁の奥には1階に下る階段がある。

居間北面。隣家の庭を借景として取り込んでいる。床は厚さ30mmの杉板。

Plan 1 / 150

1 玄関
2 物置
3 寝室
4 居間
5 納戸
6 台所

3,527.5
6,886.3
4
3,900
1800
5
6
2F

076・077

上／玄関より２階に上る階段を見る。右手は寝室。
右／１階の寝室。天井高は2,190mm。天井は檜板貼り、壁は砂漆喰塗り。床は杉板。

南面外観。左手は玄関扉、右手上は2階居間の窓。外壁は砂漆喰塗り。

078・079

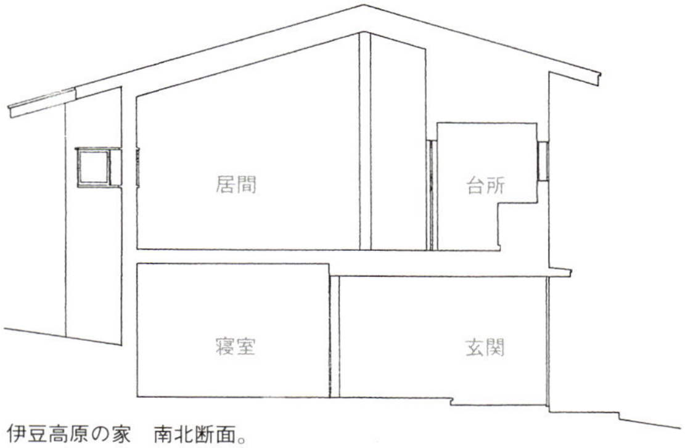

伊豆高原の家　南北断面。

かつてこの土地に30年間建っていた古い別荘を取り壊して新しく建て直すにあたり、施主からは「今までの家の記憶を継承してほしい」との要望があった。私は、目に見える物理的なものを記念して残すのではなく、目には見えない、人の心の奥深く眠る記憶の回路のようなものが新しい建物によって繋ぎ合うような、そんなイメージを抱いてその要望に向き合った。

木々に囲まれ、遠くに海を望むこともできる環境のよいところであるが、あえて開口部を抑えて空間を閉じている。しかし鳥の声や木々のざわめく音がすると、姿、かたちは見えないゆえに、より強く自然や森を感じることもできる。物理的に目に見えるものを閉じ、心の中の風景が開かれることを願ってつくった小さな家である。

全景。築9年をむかえ、さらに緑の中に埋もれるように建っている。開いている白い窓は台所のもの。

心に思い描くこと

「伊豆高原の家」の設計にあたって

かつて、南フランスのアンティーブという小さな港町のはずれ、地中海に面して建つ古い古城を改装してつくられた美術館を訪ねた。
この美術館の中に、画家ニコラ・ド・スタールの真っ赤な色彩で描かれた大きな抽象画を展示している大きな部屋がある。
もともと石造りの古い城であったので、部屋の広さや天井の高さに比べて窓の数は少なく、大きさもかなり小さい。けれども暗いという印象はまったくなく、むしろ人が落ち着いてものを考えるのに最適な光量であった。ただ窓は、分厚い石の壁を穿いているのでどれも彫りが深く、窓にかなり近づかなければ、地中海の風景を見ることはできない。しかも見える風景は、わずかに切りとられた青い水面のみであったように記憶している。しかし部屋の中央で大きな絵を見ながら、小さな窓から運ばれてくるさわやかな風と海面を反射してくるキラキラした光を感じているとき、私はより広く、より青く、より深遠な地中海の光景を、ド・スタールの真っ赤な絵のうえに重ね合わせて心の中に描いているのであった。
実際に目に見えているものと目には見えないもの、それらが不思議に重なり合う世界の中で、自分の気持ちが自然と開放されていたのであろう。しばらく言葉や時を忘れて、その場所から動けなかった。

「闇のある家」。それが施主からの大きな要望であった。その「闇」とは、単なる物理的な暗さのことではなく、また作為的、恣意的な闇の抽象表現でもないことは明白であった。
では、自分はいったいどういう表現をすればよいのか。しばらく闇という言葉に固執しながら、模索していた時期があった。その後、施主と建築以外の話題を含めていろいろな話をしていくうちに、いつだったか闇という言葉から離れ、ただ漠然と、やわらかく包まれながら開かれていく——そんな空間を、しなやかに思い描きはじめることができた。そして次第に、その思い描いていたものとアンティ

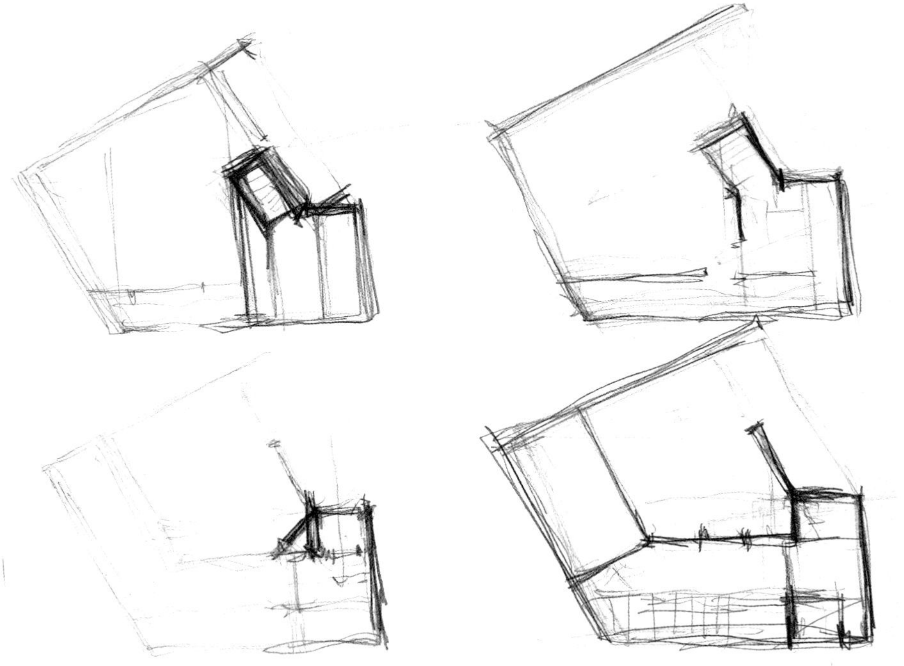

ーブの美術館での体験とが不思議と重なり合い、私のつくるべき空間とその空間にいる等身大の自分の姿を、自然にイメージすることができたのである。実は、このイメージを自然に強く抱けるかどうかというのは設計をするうえで最も大切なことであり、でき上がった建築の生命感の有無にかかわってくるところなのである。
今思えば、闇という言葉から解放され自分の心の中に開かれたその「豊かな広がり」こそが、私の追い求めていた「闇」の正体だったのかもしれない。

よき施工者、協力者に恵まれ、その後は「闇のある家」という難しい課題があったにもかかわらず、いつもどおりの設計と現場を経て、驚くほど淡々と家が建ち上がっていった。

かくしてでき上がった家は、すでに私の知らない、不思議な世界に生きる人格をもった生きもののようにも見える。海を眺めながら孤独に黙りこんでいるかと思えば、ときに挑発するかのような表情を見せ、私を睨む。
「家ができたというより、新しくも懐かしい親友ができたようです」
施主のこの言葉は、まさに私がこの家に対して抱いている気持ちと同じであった。そして、この共有感こそが私にとって大きな喜びであり、誇りである。

ひばりが丘の家

1999

2階居間。天井は2×8材の垂木をそのままあらわしている。テーブルは2,700mmの長さがある。デザインはリビングデザイナーの小泉誠。

ひばりが丘の家

Plan 1 / 150

1 玄関
2 予備室
3 納戸
4 居間
5 寝室
6 クローゼット
7 台所
8 子供室
9 屋根裏部屋

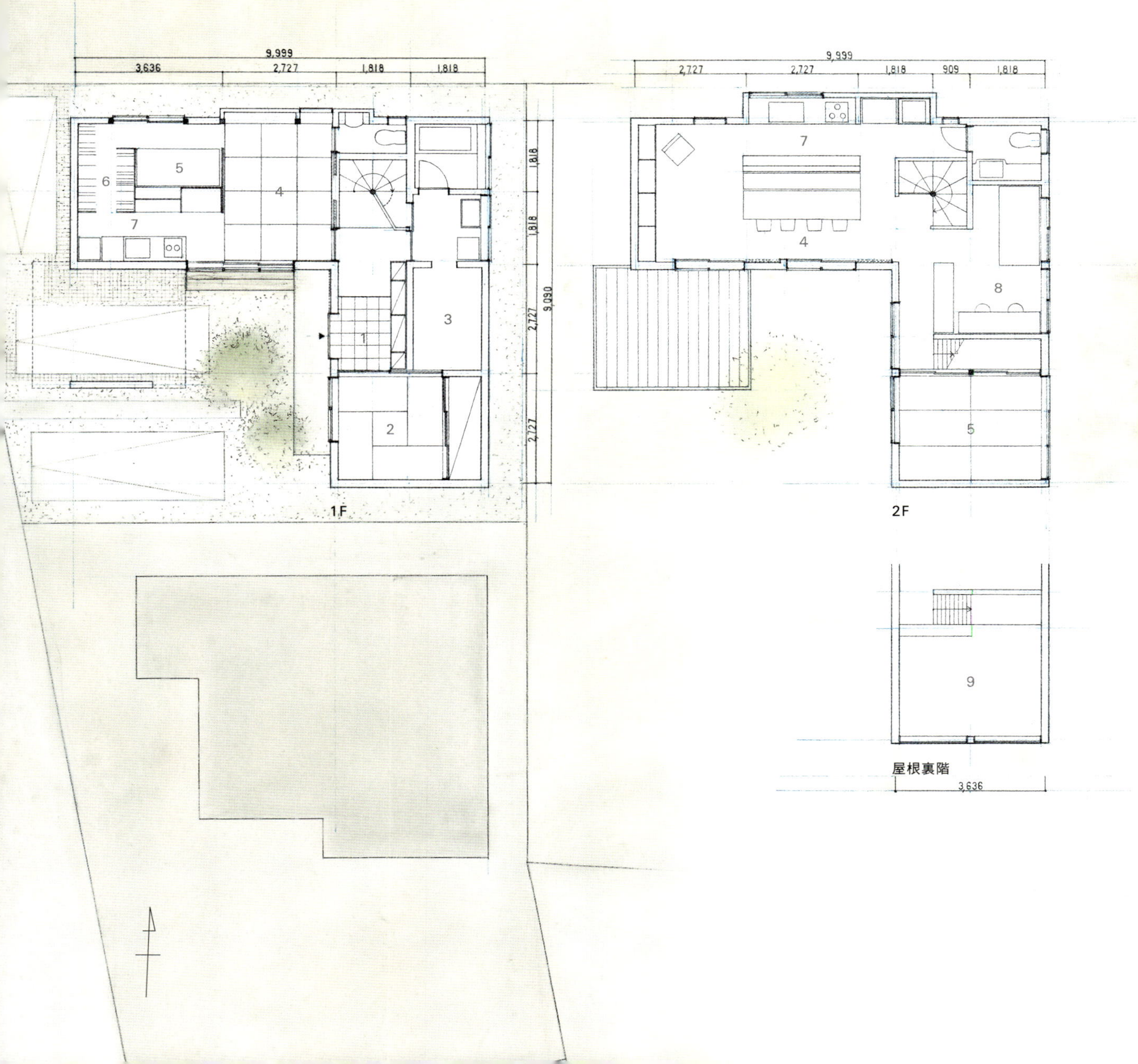
9,999
3,636
2,727
1,818
1,818
1,818
1,818
2,727
2,727
9,090
1F
9,999
2,727
2,727
1,818
909
1,818
2F
屋根裏階
3,636

左／玄関より階段を見る。右手には収納を造り付けている。
中／2階の居間より簾戸越しにテラスを見る。
右／2階テラス。樹木と木製のルーバーがテラスに影を落とす。

厳しい条件と予算の中で快適な住宅をつくることは大変難しいことではあるが、チャレンジしたくなるのも施主の情熱とエネルギーがあってこそである。そのエネルギーをもらって、なんとかその難しい問題に向き合えるのだと思う。
東京郊外の住宅地に建つ、延床面積35坪の小さな二世帯住宅である。40坪の土地に、親子三世代5人と車3台のスペースを確保することが条件であった。それぞれのスペース配分と2世帯の繋ぎ方と距離のとり方を重視しながら、プランをまとめた。厳しい予算の中でコストを抑えるために、なるべく間仕切りや建具を設けず、また家の架構を極力シンプルに計画した。そしてその構造を露出させ、ざっくりとおおらかなスペースをつくった。ディテールや素材もなるべく素直で単純なものとし、施主の気さくな生活の場にふさわしい雰囲気をつくりたかった。設計中、毎日のように施主と一緒に工法から素材にいたるまでの話をしたり、いろいろな情報交換を繰り返し、お互い知識や知恵を身につけながらつくった。そんな思い出をもっている仕事である。

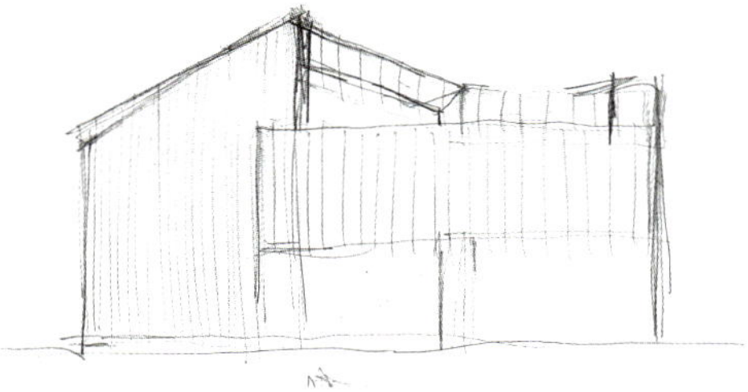

右／2階に持ち上げられた木製のテラスを見上げる。ルーバーが2階のプライバシーを守ると同時に、テラスに日影を与えている。テラスの下は駐車場になっている。
下／西面全景。外壁はガルバリウム鋼板小波板。

090・091

小平の家

2000

築7年が経過した外観。木造2階建ての二世帯住宅で、1階は親世帯のスペース、2階は子世帯のスペースとなっている。外壁はラスモルタルリシン吹き付け。
右上／旗竿敷地の路地アプローチより西面を見る。竣工時に植えた木が鬱蒼と成長し、木のトンネルをつくっている。
右下／路地アプローチの先に庭が見える。建物の下をくぐる途中、左手に子世帯の玄関、右手には庭道具などを入れる収納がある。

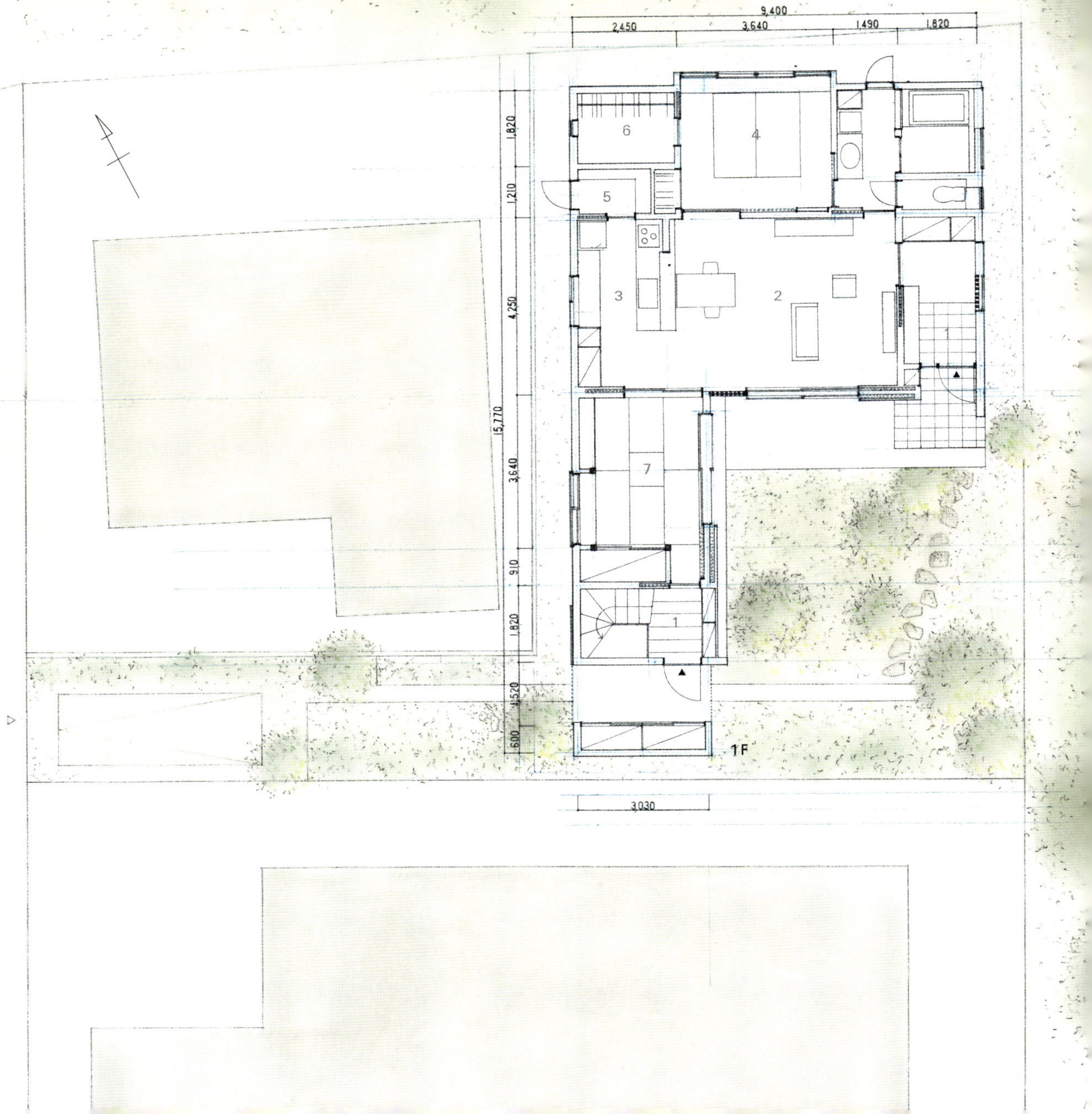
9,400
2,450
3,640
1,490
1,820
1,820
1,210
4,250
15,770
3,640
910
1,820
1,520
600
6
4
5
3
2
1
7
1
1F
3,030

Plan 1/150

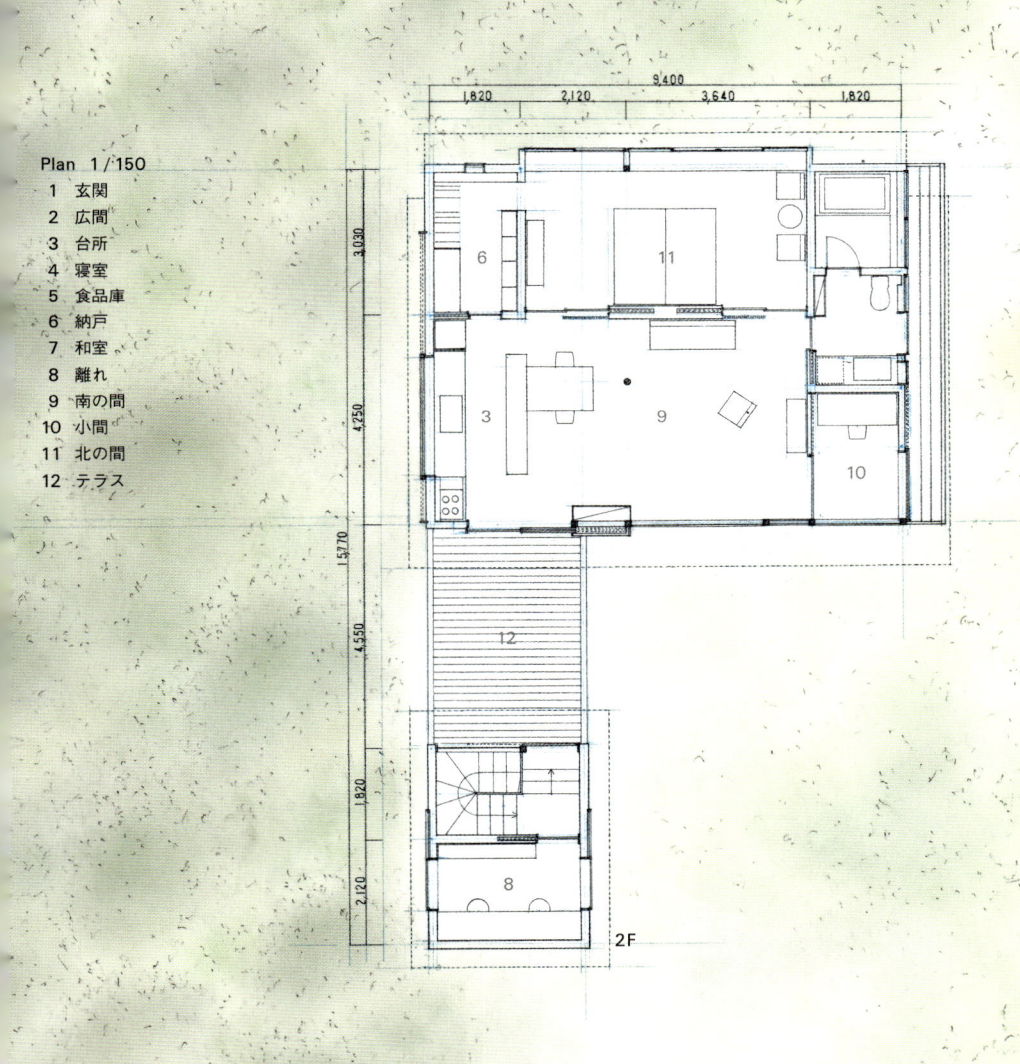

1 玄関
2 広間
3 台所
4 寝室
5 食品庫
6 納戸
7 和室
8 離れ
9 南の間
10 小間
11 北の間
12 テラス

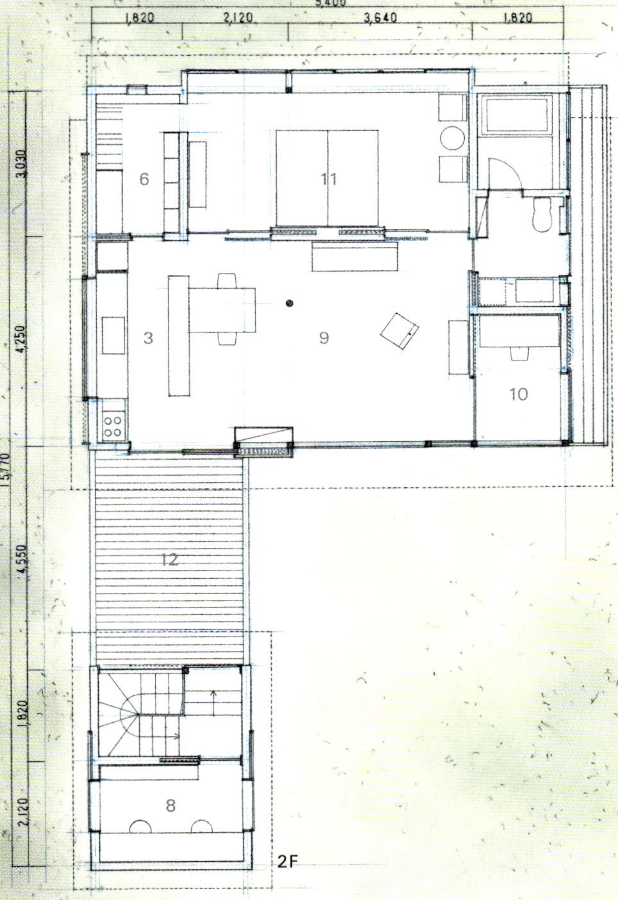

上／2階のテラスより子世帯の母屋を見る。屋根は寄せ棟。
下／2階子世帯の離れよりテラスを介して母屋を見る。左手は玄関から上がってくる階段。母屋へはいったん外部のテラスを通らなければ行くことができない。
右／2階南の間。東南方向に栗林を望む。右手にはテラスを介して階段室と離れのある棟が見える。

左ページ上左／南の間のディテール。
同上中／南の間開口部ディテール。
同上右／小間より台所方向を見る。開口部にはカーテンを設けている。
同下／南の間東面を見る。左手開口部の奥は洗面所、正面白い壁の裏には小間がある。天井はラワンベニヤ、壁は漆喰塗り、床は杉板に着色塗装を施している。天井高は2,340mm。

南の間南面の開口部を見る。

まだ武蔵野の面影を残す、東京郊外の住宅地に建てられた二世帯住宅である。
旗竿敷地の路地を抜けた先には栗林が、北側には隣家の広い庭が借景として広がる、魅力的な土地である。ここでは、親世帯と子世帯とをこの敷地の中でどう繋げどう距離をとるか、ということから考えはじめた。庭をこよなく愛する親世帯は、いったん建物の下をくぐり、庭を通り抜けながらアプローチする。そして必要な部屋をコンパクトにまとめた、庭との一体感を得られるL字型のプランとなっている。2階の子世帯は、トンネル状になった建物の下にある小さな玄関から階段を上がり、いったん外部のテラスを通ってから母屋に入る。アプローチ動線の多様さによって2世帯の独立性は高まり、心理的な距離感が得られるようにするとともに、2世帯の接点には和室を設け、両世帯が交わる場所も得られるように配慮した。
築7年をむかえ、庭の樹木は鬱蒼と成長し、また施主の場所の使い方、設えによって家の魅力が深まってきているように思う。

左／2階浴室の風景。外につくったベランダによって
奥行きのある風景が生まれている。
右／2階洗面所。窓の外には洗濯物を干すことのでき
るベランダを設けている。
下／寝室として使われている北の間より南の間を見る。
ふたつの部屋の間には引き戸と格子状の輻射式暖房機
を設けている。

北の間の北面を見る。横長の連続窓の下には収納を設けている。窓まわりは黒く塗装を施し、順光の当たる隣家の広大な庭の緑を引き立たせている。北側斜線をクリアーするために天井は傾斜している。

屋久島の家

2000

隣家の畑越しに東面を見る。激しい風雨を考慮したシンプルな長方形平面と切妻屋根による構成。開口部と壁は交互に配置されており、ハンガーレールで吊られた雨戸を開け閉めの容易な一本引きで設置している。

築６年が経過した外観ディテール。強い雨に打たれてコンクリートが洗い出されている。中央は玄関を兼ねる屋根の架かったテラス、右は寝室や水まわりなどがあるプライベートゾーン、左は食堂やゲストルームのあるパブリックゾーンと、明快なゾーニングとなっている。テラスの奥には赤いハイビスカスの花が一年中咲いている。

102・103

屋久島の家

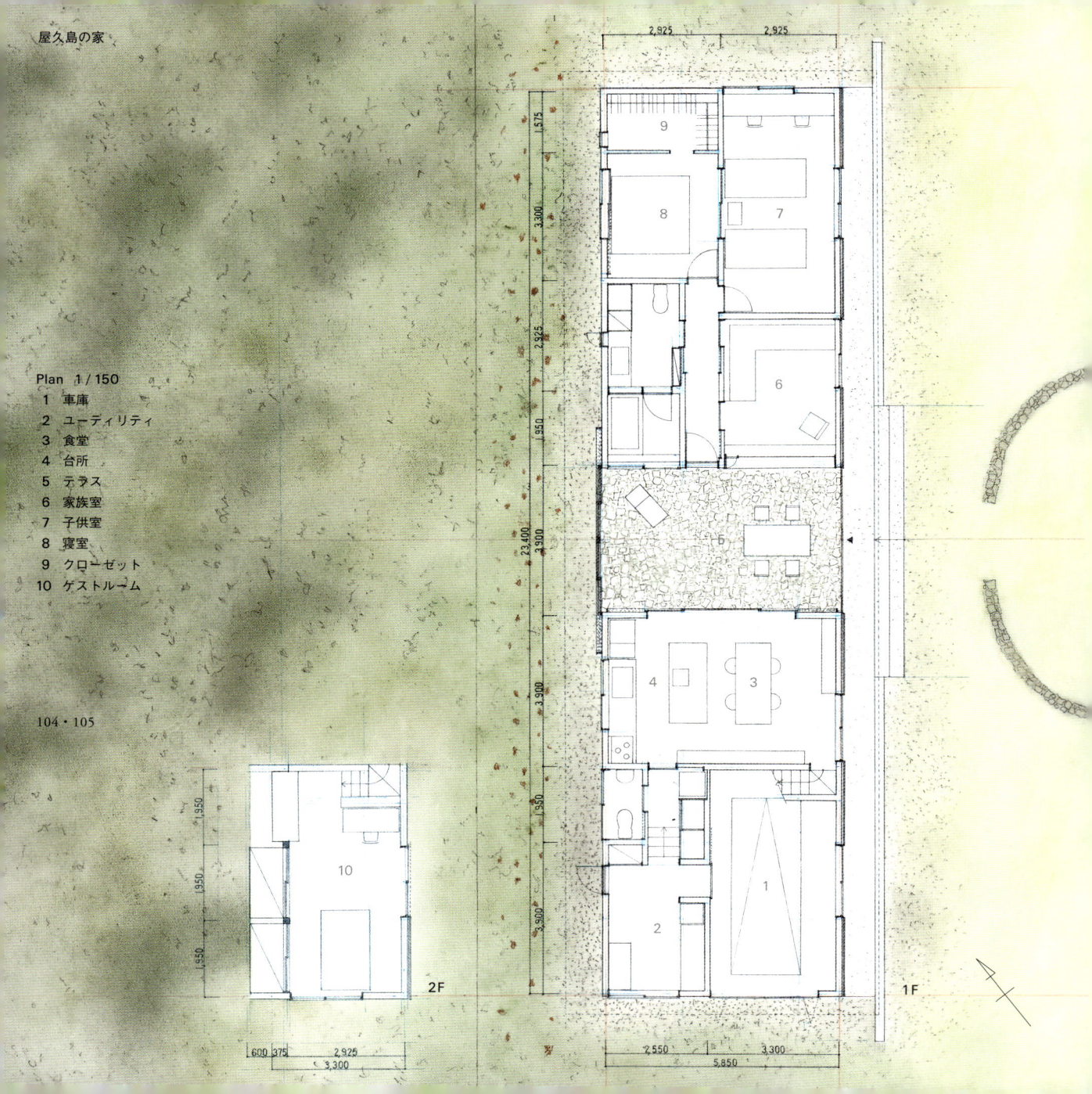

Plan 1 / 150

1 車庫
2 ユーティリティ
3 食堂
4 台所
5 テラス
6 家族室
7 子供室
8 寝室
9 クローゼット
10 ゲストルーム

104・105

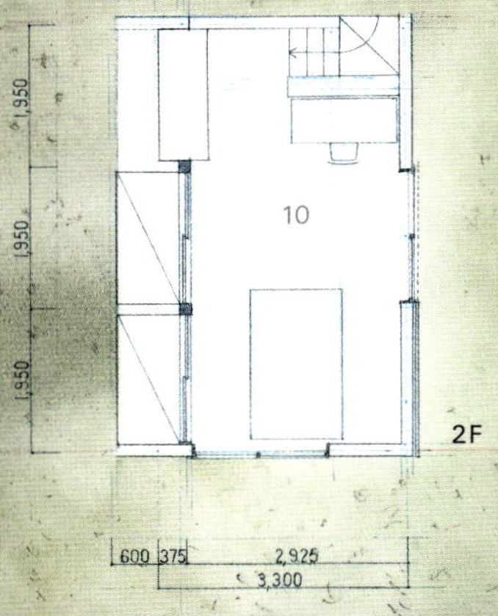

「屋久島で設計をしてみませんか」。そう紹介され、はじめて屋久島に降り立ったときの衝撃は、今でも忘れない。光、湿度、磁力、匂い、それらが本州のものとは明らかに違った。想像を絶する大量の雨、吹く風の強さ、海と山が一体なった地形——。まるで島全体が巨大な生き物のように感じた。

このようなところで建築を創造するのは、容易なことではない。机上でこねくり回したもの、奇をてらったもの、小細工は、いとも簡単に島のパワーに吹き飛ばされてしまう。ここでは「創造」という言葉からいったんはなれ、素直に島の人の話やアドバイスに従い、激しい雨や風、そして強烈な湿気から生活を守るシェルターとしての建築のあり方を追求し、また島の等身大の生活を見つめながら建物の機能性と合理性を真正面からとらえる——そんな、もっとも原始的な建築へのアプローチこそが唯一自分にできる仕事であると確信するまでに、時間はかからなかった。

「建築の原点」を見つめることができた屋久島での仕事は、建築の本質を探ることにおいてとても重要であったと実感している。

2002年には同じ敷地内に別棟を増築し、そして2006年には島の北部の永田という地に小さな別荘を設計した。

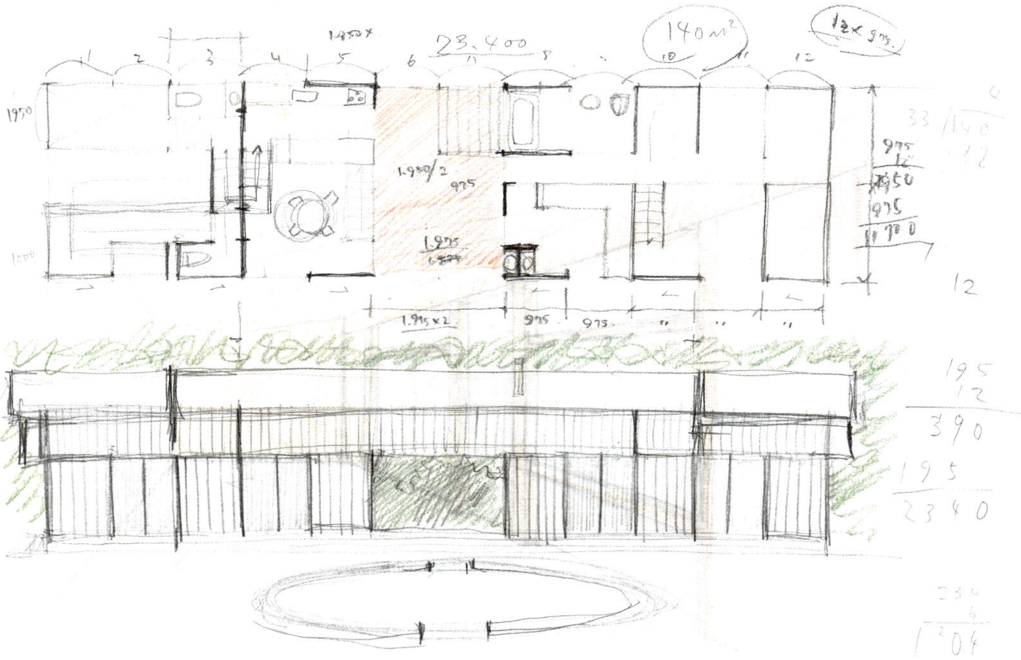

屋久島の家　スタディスケッチ。最初は総２階建ても検討していた。

上／すべての雨戸を閉めた状態の外観。広大な庭には人の拠りどころとしてつくったストーンサークルがある。人が腰掛けるのにちょうどよい高さに石を積んでいる。
右／真夏のテラスの風景。

108・109

テラスより庭を見る。天井は杉板、床は島で採掘される頁石の乱張り。中央のガラス窓は家族室のもの。右手には食堂がある。

牛久のギャラリー

2001

中庭を見るギャラリーの窓。左の3点は同じ窓を同じ場所から見たもの。左より、すべての建具を開け放したところ、ガラス戸を閉めたところ、簾戸を閉めたところ。右端はギャラリーの別の窓から中庭を介してポーチの門扉を見たところ。

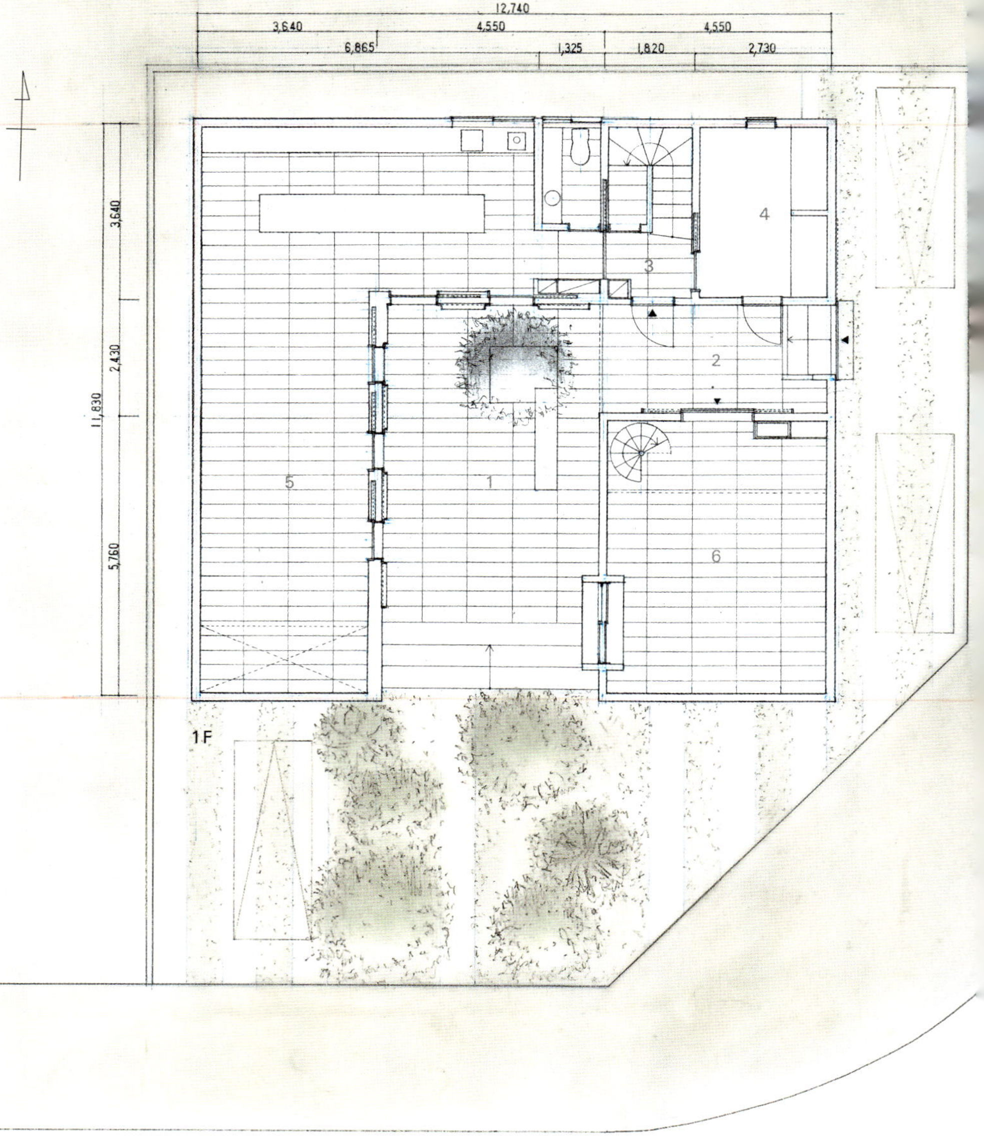

Plan　1 / 150

1　中庭
2　ポーチ
3　玄関
4　物置
5　ギャラリー
6　アトリエ
7　居間
8　台所
9　寝室
10　クローゼット
11　プライベートテラス
12　ロフト

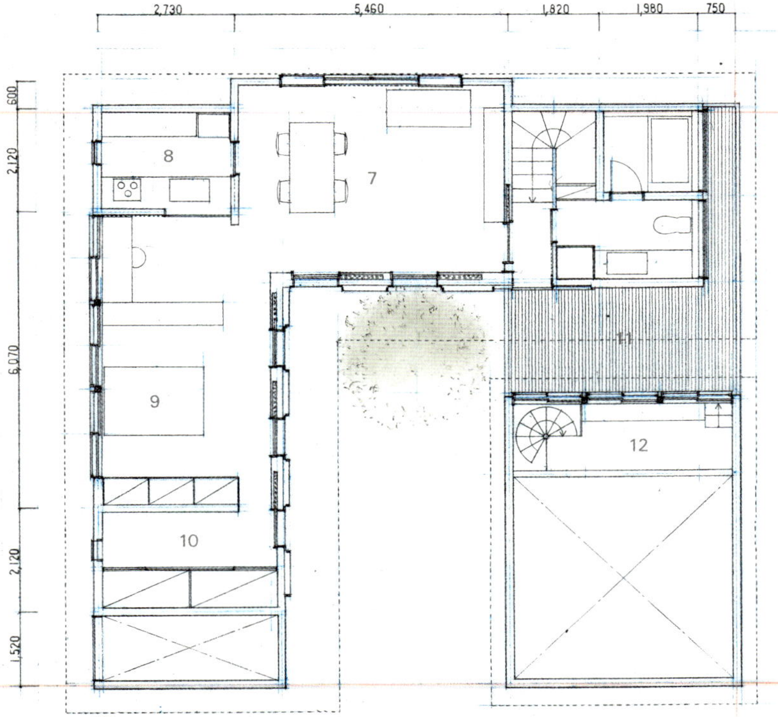

2F

ギャラリーに置かれたテーブル。展示用の台としても使用される。長さは4,500mm。デザインは小泉誠。

L字型平面をもつギャラリー。中庭に面した縦長の窓が連続する。天井高は2,530mm。天井、壁は砂漆喰塗り。床は大谷石で床暖房を施している。

ギャラリー南面を見る。奥は吹き抜けになっており、
2階の西面のハイサイド窓から光が落ちる。

中庭より見る外観。1階はギャラリー、2階はオーナーの住居。窓の意匠を統一し、外観に一体感をもたせている。外壁の黒い部分は戸袋になっておりガラス戸等が引き込まれる。中庭の床は大谷石。竣工時に植えたアオハダの木が成長し中庭に木陰をつくっている。軒の出は壁芯より1,200mm。

東面に設けた門扉を開けたところ。奥に中庭が見える。

トンネル状になったポーチより中庭を見る。左手はアトリエの入口、右手は住居の玄関扉。奥の縦長窓はギャラリーの窓。

主に絵画を展示するギャラリーと、絵画制作のためのアトリエ、そしてオーナーの住居。パブリックとプライベートが入り交じる3つの異なるスペースを限られた敷地の中でどのように配置していくかが、大きな課題であった。
街並みの中で奥行きと陰影が感じられるように、角地の特性を利用して南から東に通り抜けられる路地のような中庭をつくった。その中庭を中心として3つのスペースを組み合わせ、繋ぐことと距離をとること、その関係にバリエーションをもたせることができたように思う。
またこの設計でスタディを重ねた開口部のあり方と外部環境の取り込み方は、その後の設計においても大きな影響を与えているように思う。
竣工後6年半が経過し、中庭に植えたアオハダの木も緑を豊かにし、中庭に心地よい影を落としている。ギャラリーでは不定期ながらいくつもの展覧会が行われ、多くのゲストをむかえ入れている。

アトリエよりロフトを見上げる。ロフトへは小さならせん階段で上がる。ロフトからは2階のプライベートテラスに行くことができる。天井高は4,180mm。

ロフトよりアトリエを見下ろす。中庭に面する窓はベンチとして腰掛けられるようになっている。

鵜原の家

2001

南面全景。外壁は杉板の上に杉の45mm幅の押し縁を打っている。築6年が経過し外壁が潮風に洗われている。屋根は変形した片流れで、塩害を考慮してステンレスで葺いている。

下／玄関も兼ねる1階土間から外を見る。塀の向こうに海を眺めることができる。
右／1階土間。床は大谷石で床暖房を施している。壁と天井は砂漆喰塗り。

122・123

2階居間。開口部には白い簾戸が設えてあり、光を抑えながら風を通すことができる。天井と壁は砂漆喰塗り。床は厚さ30mmの杉板を着色している。

126・127

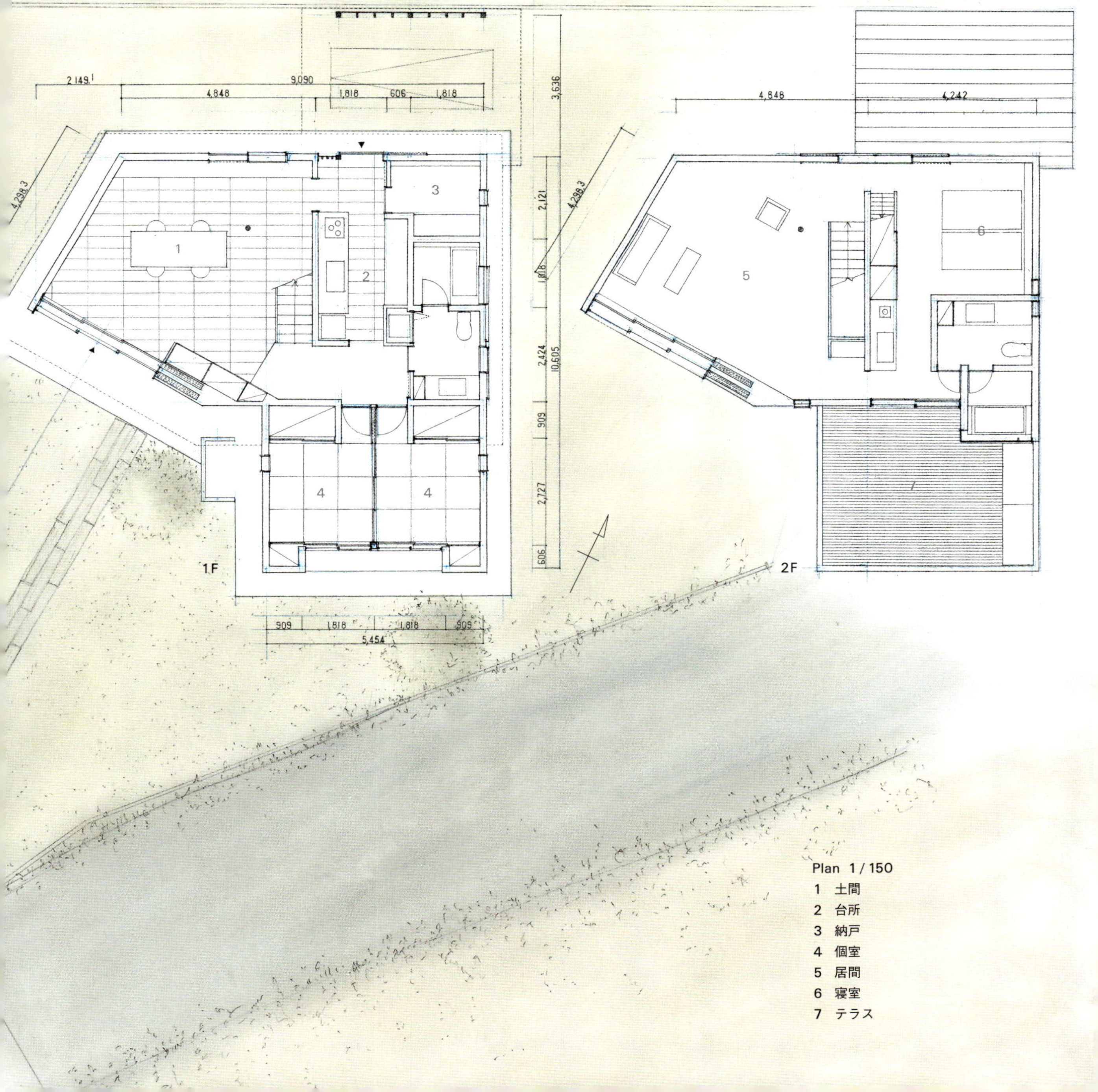

Plan 1 / 150

1 土間
2 台所
3 納戸
4 個室
5 居間
6 寝室
7 テラス

白い砂漆喰壁を掘り込んだ飾り棚。

2 階寝室。天井高は1,950mm。正面の壁は杉板を白く塗装している。

南房総に、ひっそりと取り残されたような美しい海岸がある。その浜から歩いてすぐのところに建てられた。
1階の中心には大谷石を敷き詰めた土間があり、そこは玄関としても食堂としても使われる。砂浜からサンダルのまま直接家に入り、料理をし、食べるといった、ざっくりとして楽しい海辺の生活を受け入れられる場所になっている。今は、大きなサーフボードもおおらかに置かれている。
2階は一転して、海辺の陽光溢れる外の明るさに対し眩しさを抑えた光で満たされた、静かで落ち着いた場である。横長の窓からは青い水平線と白い波を眺めながら、海のキラキラとした光とさわやかな風を感じることができる。
家ができて6年が経ち、外壁が潮や風に洗われ、海辺の風景に馴染んできたように思う。

寝室より居間を見る。途中左手に屋根裏部屋に上がる階段がある。

130・131

軽井沢の家

2002

南面外観。積雪を考慮してRC造の基礎を高く上げている。木造部の外壁は米杉、屋根はガルバリウム鋼板葺き。下方に地下のテラスの南側に設けられた開口部が見える。

北側外観。地下はRC造、地上は木造となっている。
建物は45度の角度で「くの字」に曲がっている。

地下のテラス。現存していた白樺の木をそのまま残している。開口幅は6,100mm、天井高は2,350mm。壁、天井は杉型枠コンクリート打ち放し。床は白河石。

右／広間。構造的に必要な柱をそのまま残し、それぞれの「場」をつくっている。柱に巻かれているのは籐。床は厚さ25mmの椹《さわら》の板。窓下には輻射式の暖房機を設けている。窓の向こうには樹海と浅間山が広がっている。
下／玄関より広間を見る。天井は屋根の構造をそのままあらわしている。

136・137

新緑のころの広間。窓台の高さは450mm。腰掛けるのにちょうどよい高さにした。壁と床との接点にはライムストーンを貼っている。右手に見えるのは暖炉。

初秋のころの広間。北面の窓はすべて、コンクリートの腰壁を利用したレールの上をスライドする。玄関と広間の壁の上部にガラスの欄間を設けており、外の光が漏れる。

142・143

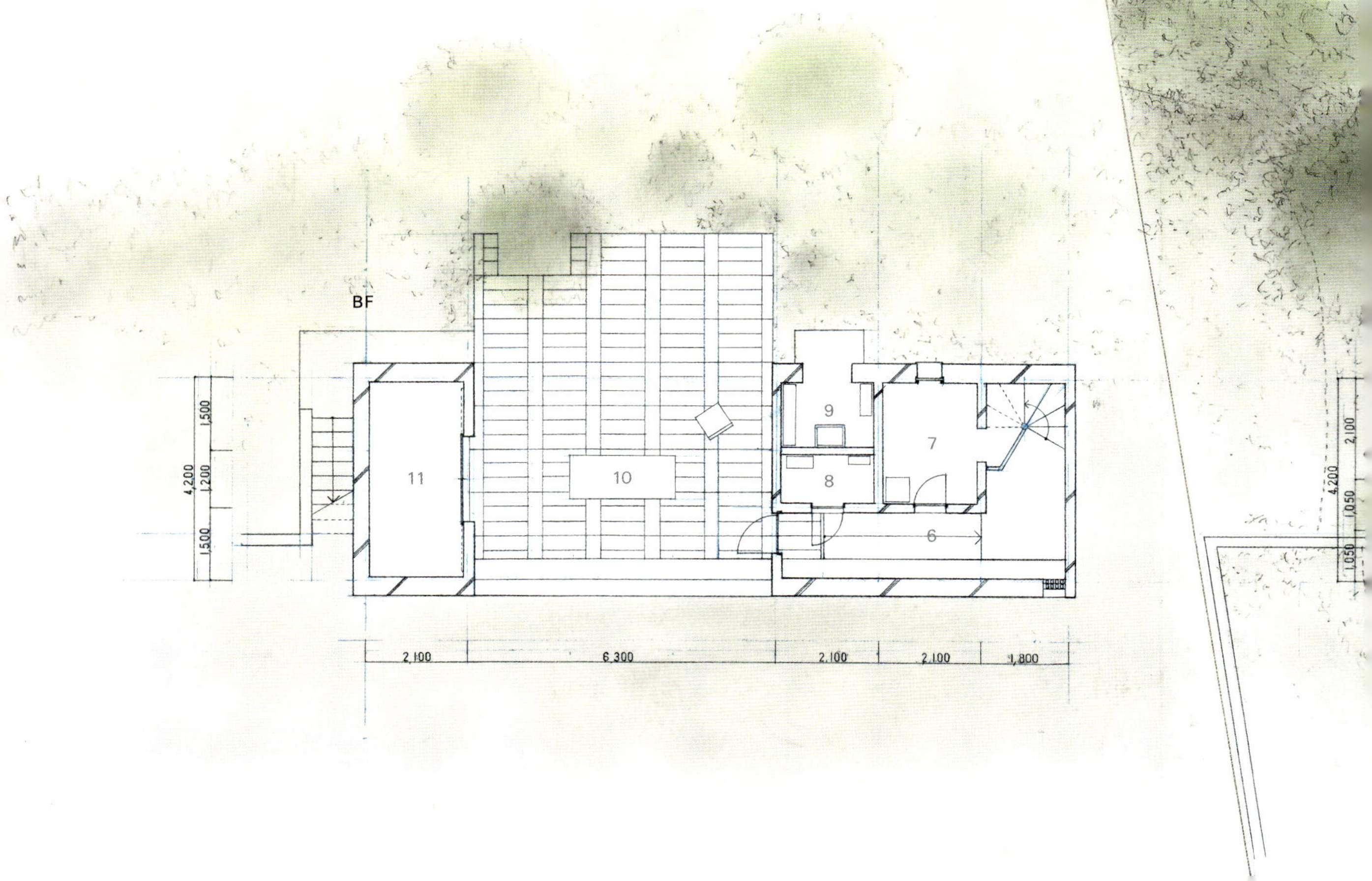
BF
11
10
9
8
7
6
2,100
6,300
2,100
2,100
1,800
4,200
1,500
1,200
1,500
4,200
2,100
1,050
1,050

Plan 1 / 150

1 玄関
2 広間
3 台所
4 寝室
5 主寝室
6 ギャラリー
7 ユーティリティ
8 機械室
9 室外機置場
10 テラス
11 物置

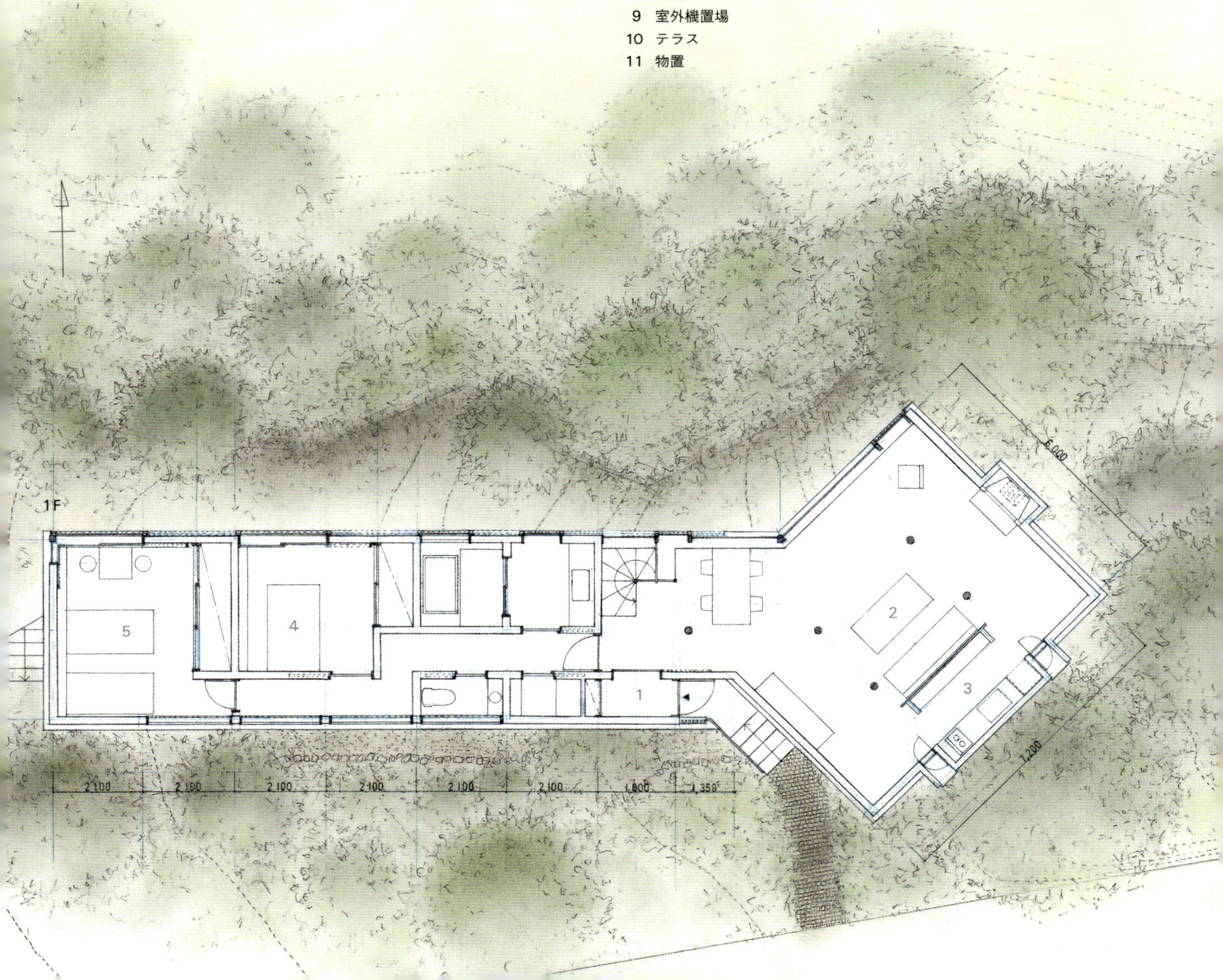

建物の西端に設けられた主寝室。現存していた白樺の木への眺望を生かすように、開口部をコーナーに設けている。窓下には輻射式の暖房機がある。

眼下に樹海、遠くに浅間山を望む、眺望のよい崖地に建つ週末住宅である。

この敷地には、もともと大きな栗や、ナラや、白樺の大木があった。それらの大木を切らないように、そしてこの自然の地形をそのまま生かすようなプランを考えた。

ここでは「原初的な人の居場所」を得るために、構造上必要な柱をありのままに残した。柱によって囲まれたスペースは人が集う場所となり、また柱を背もたれにして風景を眺めたり、暖炉の火を眺めたり、あるいは柱があることで人と人との距離がとれたりといった、人の居場所の拠りどころとして柱が機能することを期待した。そんな地上階とは対照的に、半地階のテラスはさながら太古の洞窟のような、もっとも原始的ともいえる人の居場所、その心地よさを表現したかった。柱に寄りかかり昔から変わらない浅間山を眺めるとき、半地階のテラスで切り取られた風景と自己を対峙させるとき、時間を超えて大昔の人びとが感じていただろう気持ちと目線を重ね合わせることができる。

浴室から外を眺める。遠くに浅間山を望むことができる。浴槽はヒバ。

外壁ディテール。米杉の外壁のジョイントにはアルミ製の金物を使っている。下は地階のテラスに設けたスリット窓。

台所脇のスリット窓のディテール。

西陽が当たっている西面外観見上げ。窓は主寝室のコーナーに設けられたもの。

南面雪景色。現存する栗やナラの大木を伐らずにすむように建物を配置している。遠くに見える浅間山の姿と屋根のかたちが呼応するようにと考えた。

人と場所と時をつなぐもの

「軽井沢の家」の設計について

私が生まれ育った家のそばに、總持寺という広大な境内をもつ寺がある。今は亡き祖父と、よくそこへ散歩に出かけた。鬱蒼とした森、不気味なお経、恐ろしい仁王像が睨む門――。幼少の私にとって畏怖するそれらの場所をくぐりぬけると、眩いばかりに輝く芝生の広場があった。祖父はたいてい明るい芝生には座らず、広場の脇にある大きな楠の木陰に覆われた薄暗い渡り廊下に腰を下ろした。そして、暗いところから明るいところを見つめながら、「こういうところが落ち着くんだよ」とポツリとつぶやいた。そのときの祖父の横顔はとても穏やかで、また、畏怖するものから自分を守ってくれる頼もしい存在のように感じられた。そんな気持ちとあいまってか、この一瞬の平穏な時間はどこか尊く、ここをかけがえのない場所だと感じたことを、今でも鮮明に覚えている。

雄大な浅間山と眼下に広大な樹海を望むその土地には、大きな栗の木があった。よほどよい場所にあるのだろう。訪れる人はみな、崖っぷちに立つ木の下へ向かい、木に寄り添いながらしばし美しい風景に見入る。ここには、建物ができる前からすでに人の居場所があった。それは大昔からずっとあって、みな同じ気持ちで同じ風景を見ていたのではないだろうか。栗の木を残してその傍らに建物を建てるというより、木に寄り添う人びとをやわらかく包む、そんなものをつくりたいと思った。

自然の中に確かな建物を存在させたい。けれども内部においては、建物に住んでいるという感覚をやわらげ、あたかも「この場所にいる」という感覚を強めたい。では、いったいどうしたらそんなことが実現できるのだろうか。

雄大な自然を体で感じていると、いかに人間は小さな存在であるかということに気づく。私のすべきことは、人を雨風、雪から守る丈夫な屋根を架け、冬の寒さの中でも夏の湿度の中でも快適にいられるように、建築の原点を見つめ、それをしっかり表現すること。そう確信するようになった。

晩秋に工事がはじまった。やがて、あたりは一面の銀世界となった。雪が解け大地が姿をあらわすと、しだいに樹海は生命の息吹きで満たされ、眩いばかりの卵色にキラキラと輝きだした。風が薫るようになると、樹海は深遠で豊潤な緑へと姿を変えていった。樹海を見守る浅間山でさえ、わずか一日の間にも刻々と表情を変えていく。私は、その美しくも激しい自然に戸惑いを覚えた。この家は人をやわらかく包むだけでなく、時の移ろいや驚くべき豊かな自然の色彩と変化をも受けとめ、包みこまなければいけないのだ。はたして、この家にその寛容さがあるのだろうか。現場に何度も足を運びながら、期待と不安をかかえつつ、自問自答を繰り返した。

樹々の葉が深い翳りを落とす夏、家はでき上がった。どの仕事にもいえることだが、特にこの家は、自分が設計したという感覚にきわめて乏しい。どこか自己の存在を超えた大きなものに身をまかせ、振り返れば私は、具体的かつ実務的な仕事を淡々と積み重ねただけにすぎなかった。私はこの家のはじまりとなった、あの場所へ行ってみた。そこには、栗の木を囲んで気持ちよさそうに語り合う何人かの姿があった。

そのとき、大きな栗の木が私のすべきことをそっと教え、それからずっと私の仕事を静かに見守ってくれていたことに気づいたのである。遠い日、老いた祖父と共有したあのかけがえのない時間と居場所を想い、重ねながら。

つくばの家

2002

152・153

全景。４枚のRC造の壁柱が２階のRCスラブと木造の小屋を支えている。屋根は方形。RCの壁柱には一切の開口部やスリーブはなく、壁柱と壁柱の間、すなわち建物の四隅に彫りの深い開口部がある。４つの立面はすべて同じかたちと寸法になっている。

玄関ホールとしての機能をもつ土間空間。天井高は2,170mm。天井、壁はコンクリート打ち放し、床はモルタル塗り。

土間よりホールを見る。奥に寝室、右手に２階に上がる鉄製のらせん階段がある。

１階寝室。天井高は2,100mm。天井はコンクリート打ち放し。

「予算もないけれども要望もありません。ただ空から見て美しい家をつくってください」。施主のこの言葉が、この家の設計のすべてであった。

それまでは自然環境に恵まれた、敷地に何らかの拠りどころやヒントのある場所での設計が多かったのだが、ここでおそらくはじめて、何を拠りどころとして設計をすればいいのかという問題に直面した。まだ空き地が残っている住宅地だから、隣に家が建つかもしれないし建たないかもしれない。そしてこれといった要望もない。そんな中でいつも頭にあったのは、予算の厳しさと「空から見て美しい家」であった。

まわりに家が建て込んでこようが、あるいはまったくなろうが、びくともしない、自立性の高いタフな建築をつくりたい。そして建物の構造、成り立ちをなるべくシンプルに表現して、シェイプアップされた建築をつくりたい。その思いが、結果としてローコストと「空から見て美しい建築」につながるのでは、と考えた。

多くの発見と新たな展開を見出すことのできた、とても重要な仕事であったと今、実感している。

つくばの家

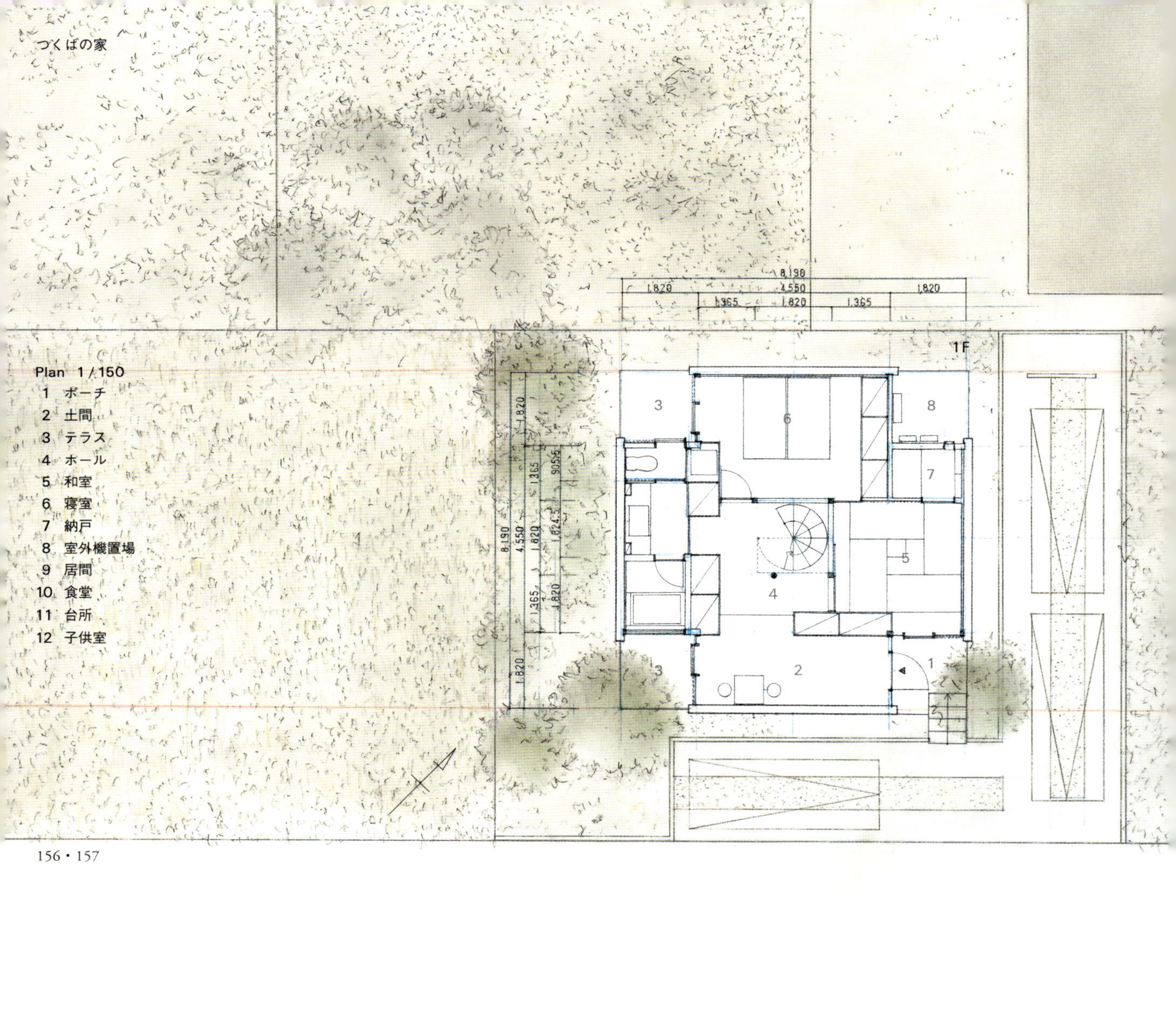

Plan 1/150

1 ポーチ
2 土間
3 テラス
4 ホール
5 和室
6 寝室
7 納戸
8 室外機置場
9 居間
10 食堂
11 台所
12 子供室

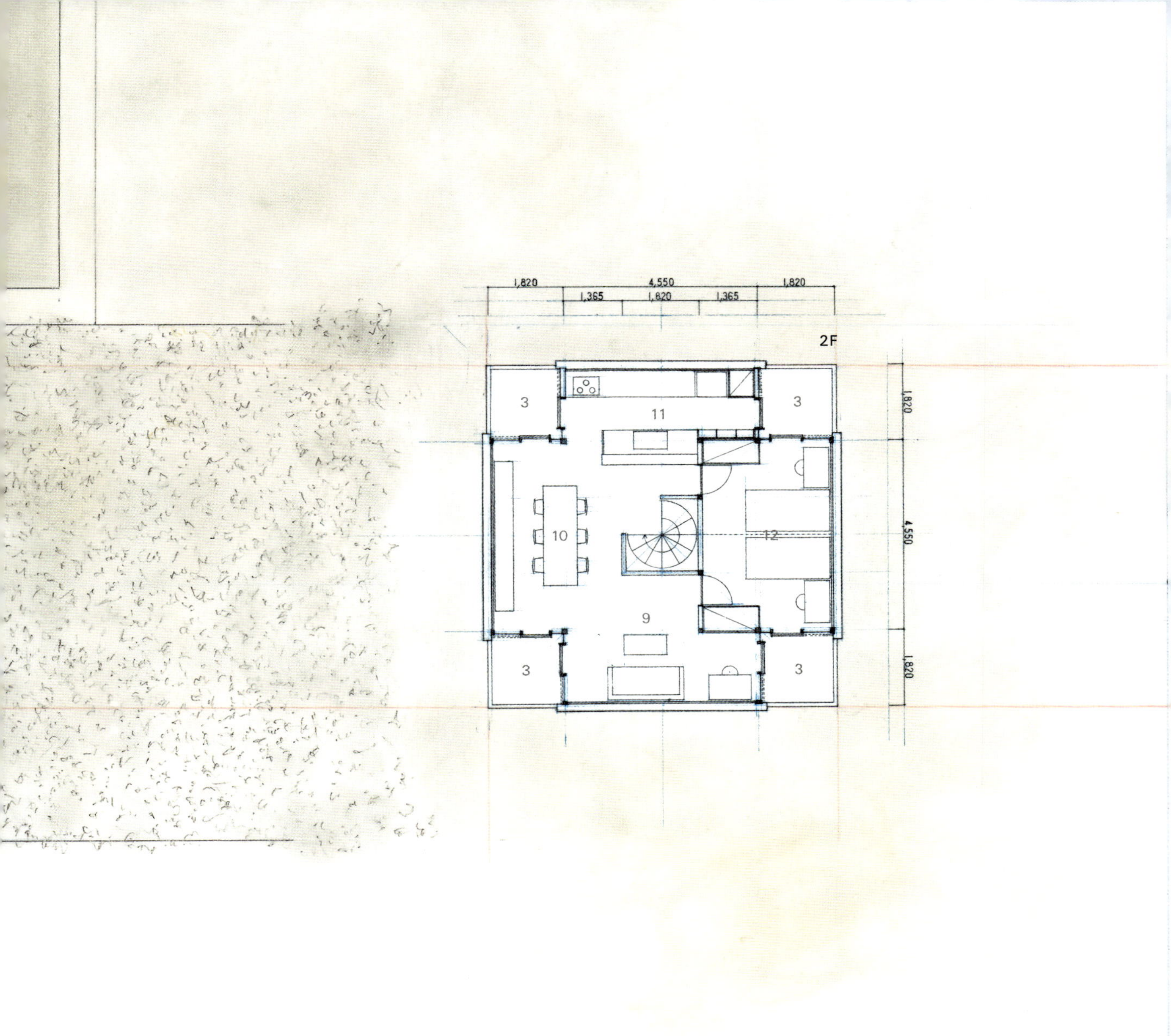
1,820
4,550
1,820
1,365
1,820
1,365
2F
3
11
3
10
12
9
3
3
1,820
4,550
1,820

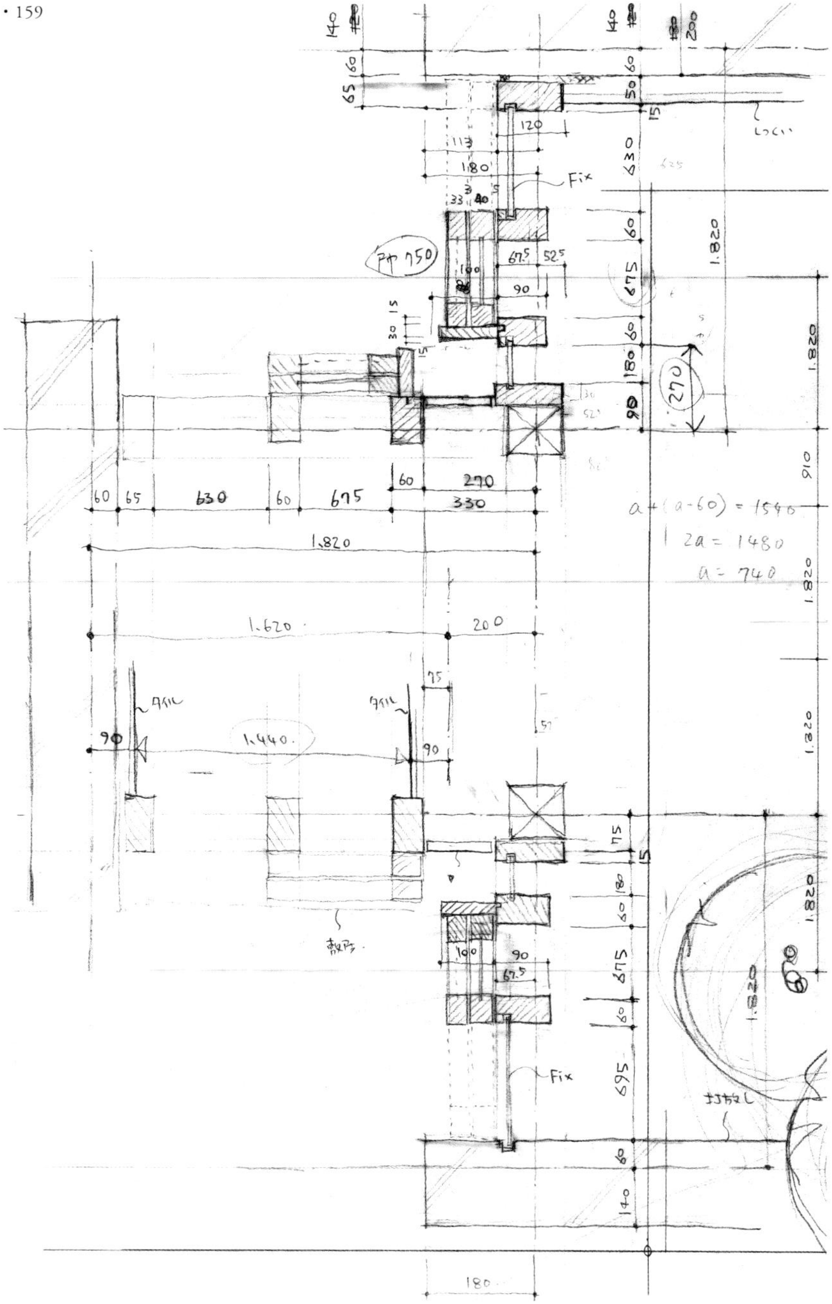

つくばの家　実施設計がはじまる前に描かれた開口部のディテールスケッチ。

上／2階食堂。天井と床はラワンベニヤ、壁は漆喰塗り。開口部は木製。開口部の外に1坪のテラスがある。
右／基本設計中に描かれたRCの躯体スケッチ。

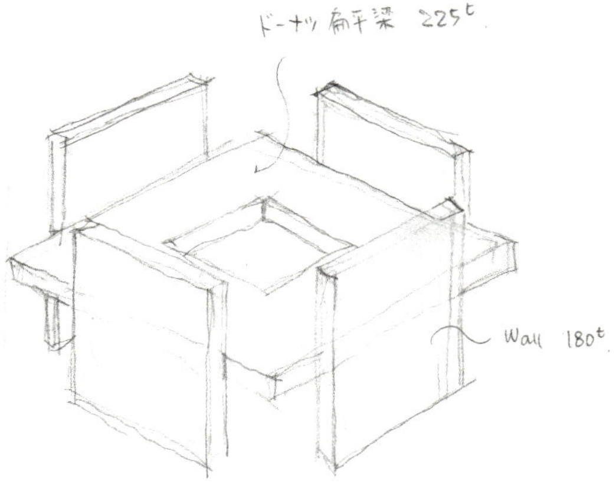

２階台所。奥にはゴミバケツも置ける１坪のテラスがある。

実施設計中に描かれた立面のスタディ図面。

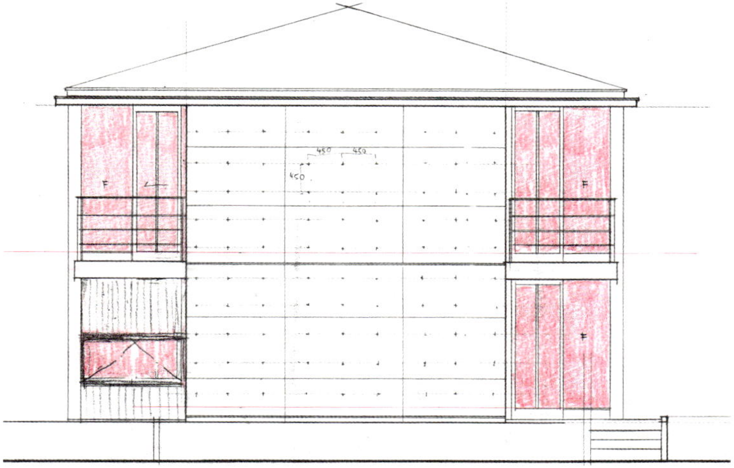

1階浴室。開口部は上下が嵌め殺しで中央が突き出しの窓となっている。

2階居間の東面を見る。天井高は2,310mm。

碑文谷の家

2002

162・163

玄関路地見返し。
右／アプローチより玄関路地を見る。
上部は食堂から続く２階のテラス。

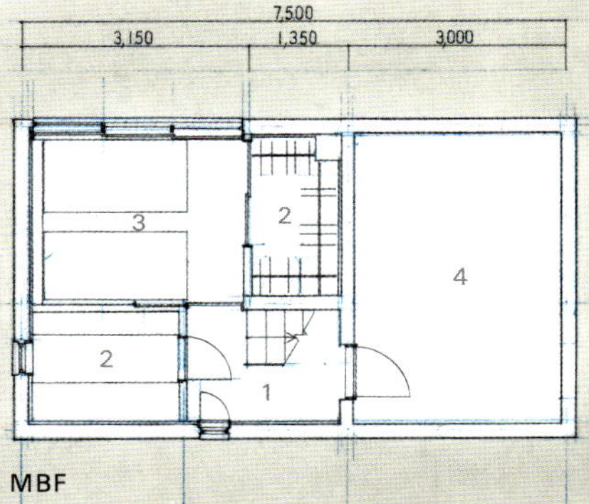

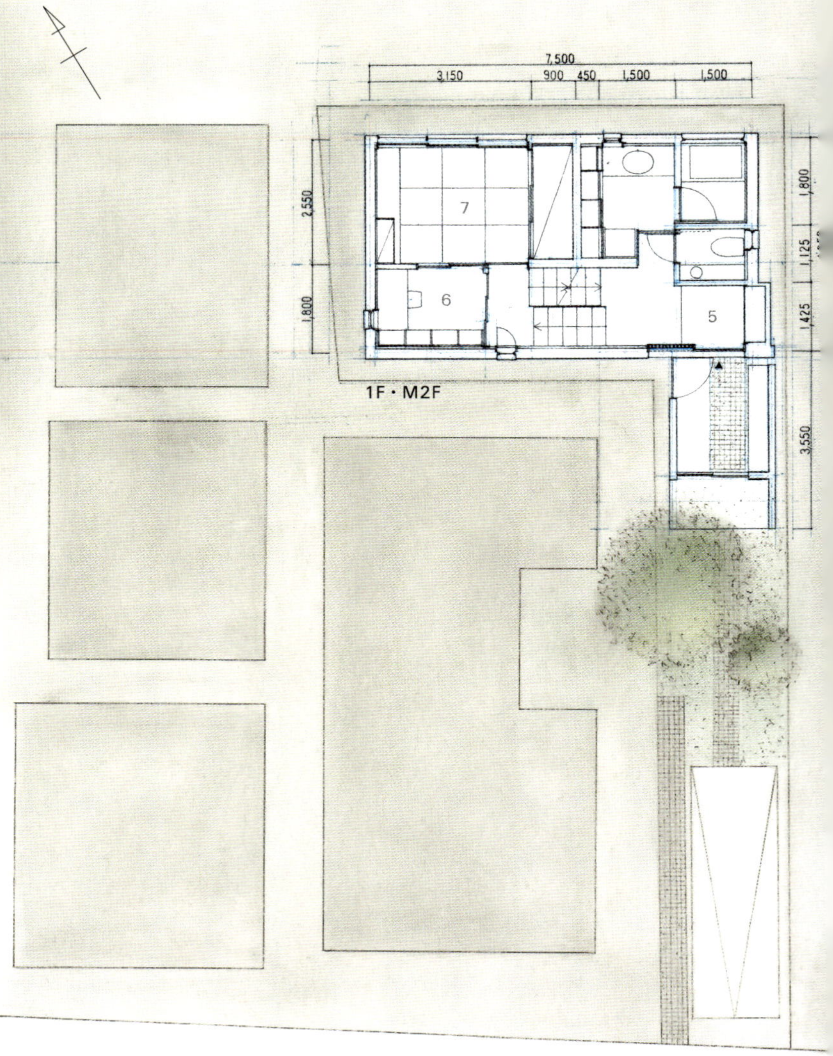

Plan　1 / 150

1　ギャラリー
2　納戸
3　寝室
4　地下収納
5　玄関
6　書斎
7　和室
8　食堂
9　台所
10　居間
11　テラス

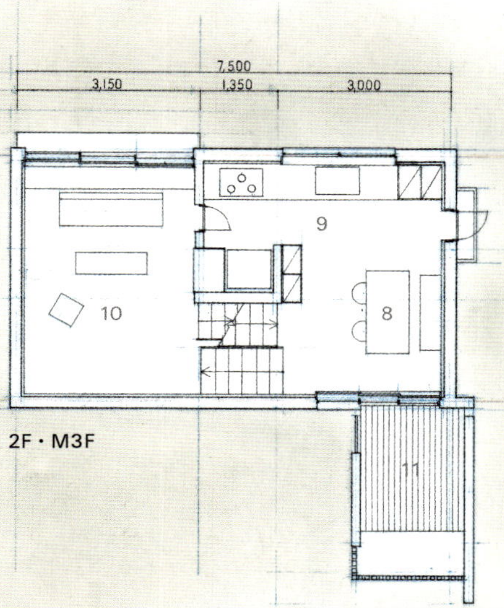

2F・M3F

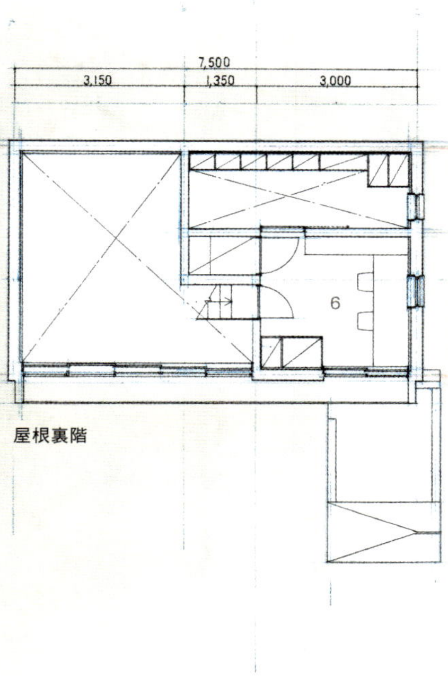

屋根裏階

下／半地階のギャラリーより階段を見上げる。床レベルは半階ずつスキップしていく。
右／中2階の書斎より下に玄関、上に食堂を見る。

戸建て住宅が密集した街中の旗竿敷地に建つ家である。
竿部分を除くと15坪程度の小さな敷地であるが、軒高の制限と斜線制限によって建物を高くすることができず、地上3階をつくることも難しい。地上に建築できる限られたボリュームの中で、いかに広がりのある快適な居住環境をつくるのか。そのことが難しかった。
試行錯誤の結果、各フロアレベルが半階ずつずれてゆくスキッププランに落ち着き、各フロアの広がりと自然光を導くことができた。
それまでの広い敷地に慣れていたからだろうか。はじめて敷地を訪れたときには「こんな狭い場所で快適な住居はつくれない」と思ったが、実際できてみると施主の住みこなしとあいまって、広がりと落ち着き、そして華やぎを兼ね備えた住宅になったように思う。ここで追求した「小さいけれども広いスペース」は、その後の都市部の住宅の設計で生かされている。

上／1階の浴室。
下／半地階の寝室。吸音効果を期待して、天井には葦貼り合板が貼られている。

左／2階の食堂。簾戸の外側は玄関路地の上に設けられたテラスがある。
右／食堂の風景。
下／居間より上に書斎、下に食堂を見る。

中3階の居間。天井は葦貼り合板、壁は砂漆喰塗り。

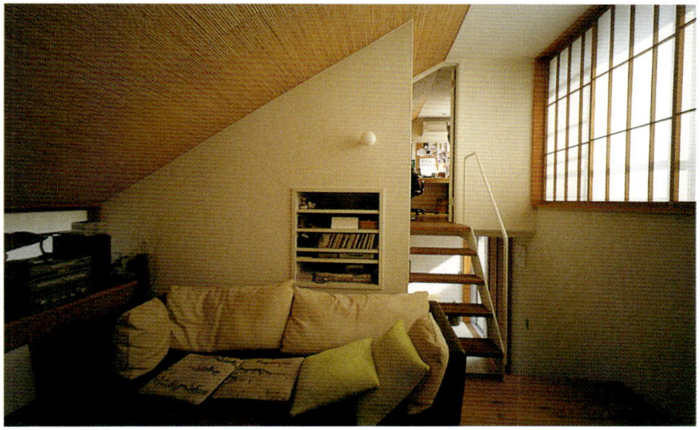

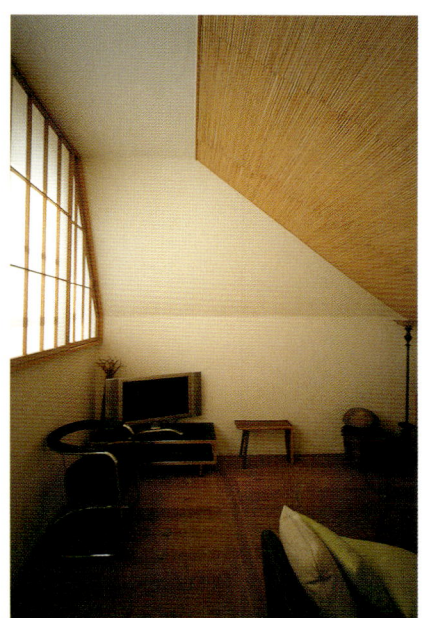

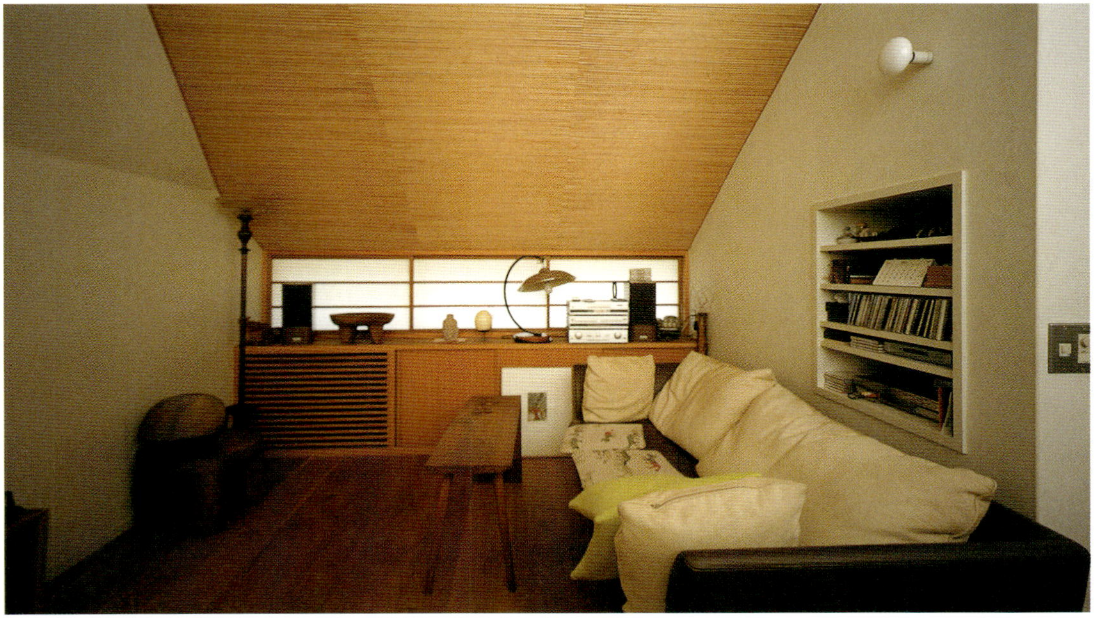

逗子の家

2003

前面道路と玄関との間に設けた、木漏れ日で満たされる石畳のアプローチ。

道路より食堂の窓を見上げる。

172・173

南面全景。台形の平面をした3つのブロックを扇形に組み合わせ、街並みに対して圧迫感を与えないように建物の高さを極力抑えている。竣工時に植えた樹木が成長している。

逗子の家

Plan 1 / 150

1 玄関
2 予備室
3 寝室
4 納戸
5 書斎
6 子供室
7 食堂
8 台所
9 居間
10 テラス

10
9
10
2F
8
7
5
6
6
2
1F
1
3
4

2階食堂より居間の方向を見る。天井高は低いところで1,920mm、高いところで2,815mm。壁は漆喰塗り、床は唐松の無垢フローリング。窓の下には輻射式の暖房機を設けている。

上／居間の南側に設けたテラス。居間との間のガラス戸は戸袋にすべて引き込まれる。周辺には瓦屋根の古い日本家屋が点在している。
右／居間より左手に食堂、右手に簾戸越しにテラスを見る。部屋の平面は扇状に広がっている。

まだ古きよき湘南の面影を残す住宅地に建てられた。

「周囲の環境、風景と溶け込んだ家がほしい。それから車3台の駐車スペースを40坪の敷地の中にに確保してほしい」。

一見相矛盾するその要望に対する解決が難しかった。試行錯誤ののち、駐車しやすい角度に開いた3つの台形からなる扇形のプランが生まれた。また極力高さを抑えた建物をさらに3つのボリュームに分けることで角地における建物の圧迫感を軽減し、土地のわずかな高低差に合わせて屋根を連ねることで、その街の風景に建物を馴染ませた。最初は駐車台数と駐車のしやすさから導いた苦肉のプランであったが、室内においてもこの扇形平面がゆったりとした広がりとリズムを生みだし、家全体が大きく息を吸って吐いて呼吸しているような、そんな印象と効果を得られたように思う。

家ができてしばらくして、北側の鬱蒼とした木々がすべて伐採されてしまい、家からの借景はもちろんのこと、周辺の雰囲気が大きく変わってしまった。しかし一方で施主が竣工当時に南側に植えた樹木はどんどん成長し、街に潤いを与えはじめている。

食堂の風景。南側に植えた大島桜が成長して、窓は緑で満たされる。

玉川田園調布共同住宅

2003

地階ギャラリーより中庭を見る。中庭は約5,000mm×5,000mm。左手には水盤があり、水の音が響きわたる。正面には暖炉、右手にはトネリコの木が植えられている。壁はハンドメイドのせっ器質タイル。床は白河石。

エントランスポーチより地階の中庭を見下ろす。

左ページ上／地階のエントランスギャラリー。ハイサイド窓からの光が落ちる。壁は砂漆喰塗り。床は白河石張り。
同左下／エントランスギャラリーに彫刻が展示されたところ。彫刻は彫刻家・尹煕倉（ユン・ヒチャン）の作品「そこに在るもの」。
同右下／地階ギャラリー。天井高は4,800mm。正面は杉型枠コンクリート打ち放し。

中庭夕景。階段を300mm上がったところにベンチを設えた屋根の架かったテラスがある。正面の壁はタモ縁甲板。

玉川田園調布共同住宅

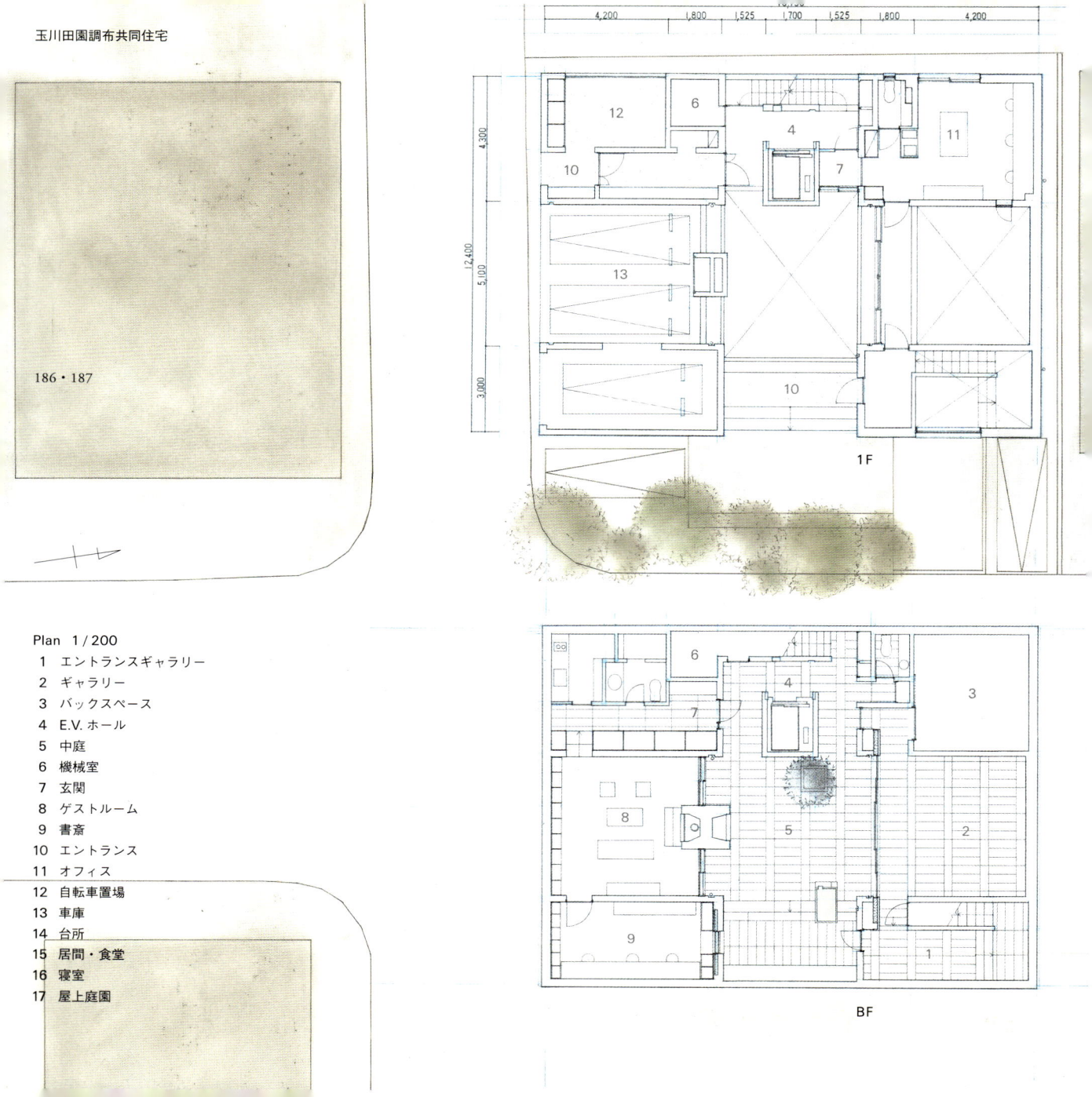

186・187

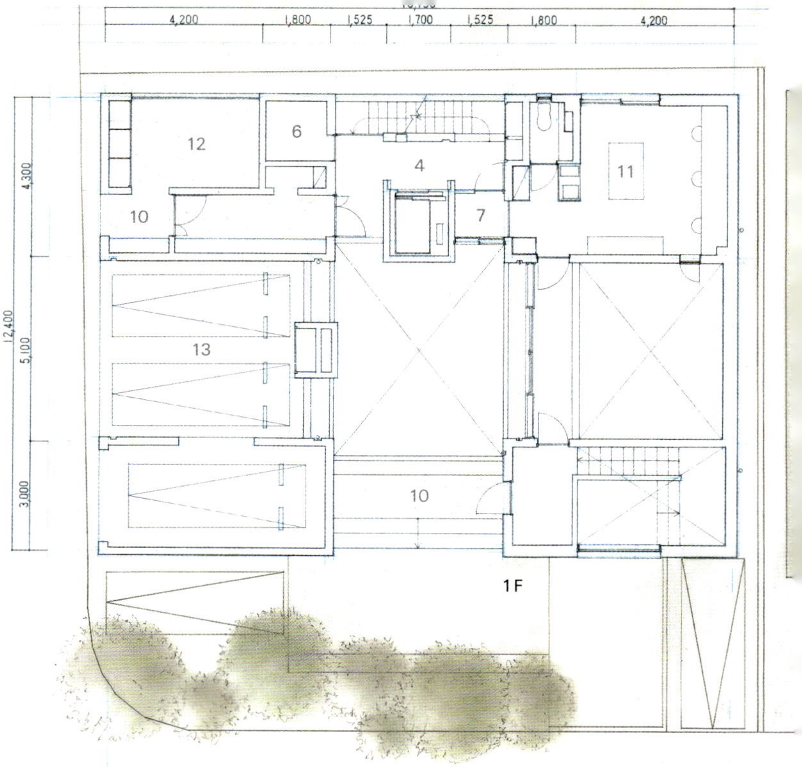

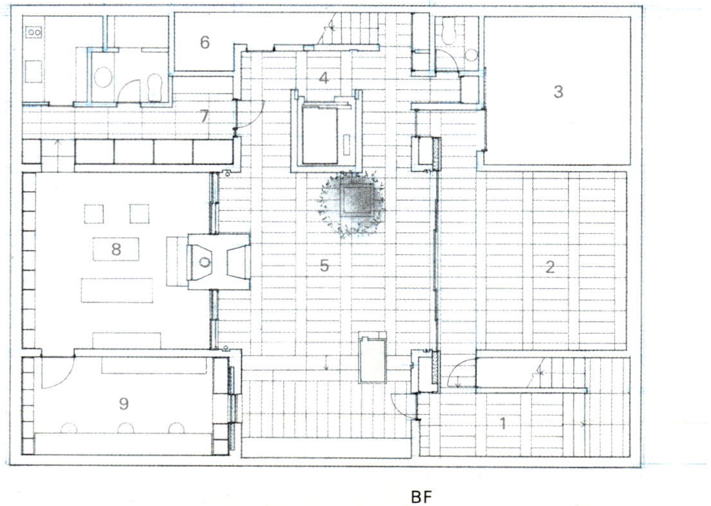

BF

Plan 1/200

1 エントランスギャラリー
2 ギャラリー
3 バックスペース
4 E.V. ホール
5 中庭
6 機械室
7 玄関
8 ゲストルーム
9 書斎
10 エントランス
11 オフィス
12 自転車置場
13 車庫
14 台所
15 居間・食堂
16 寝室
17 屋上庭園

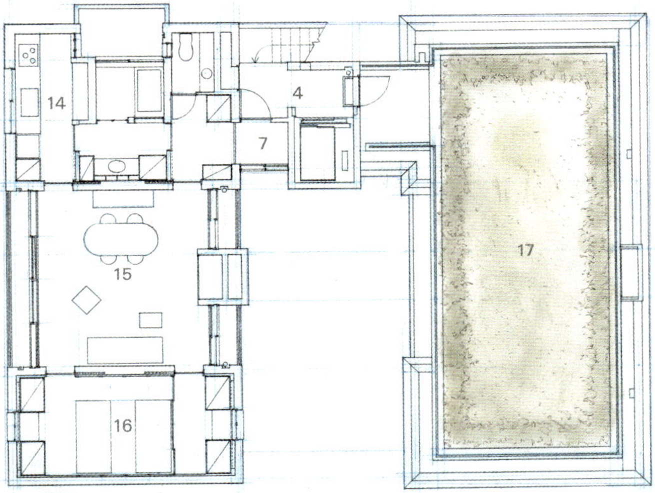

3F

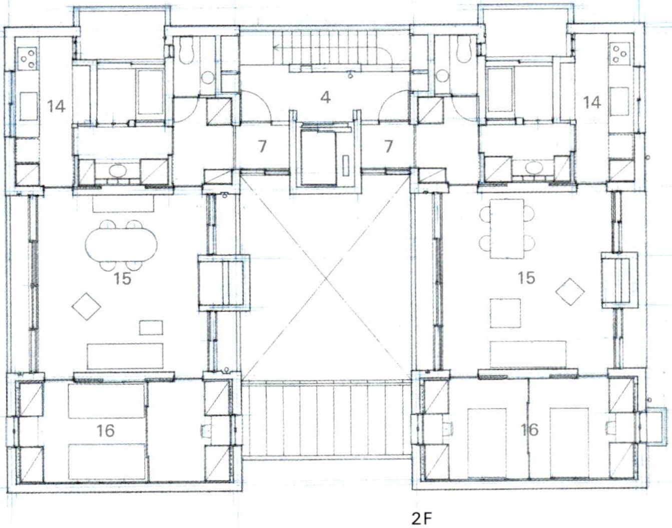

2F

「時の試練に耐えられる建築を設計してほしい」
そう希望する施主との対話から生まれた共同住宅である。物理的に耐えられる設計なら、ある程度計算のうえから導きだせる。しかし人に愛され、人の記憶に深く残る、そんな人の強い気持ちにも支えられなければ、建築は時の試練に耐えることはできない。そのことは計算では導きだすことはできない、難しい問題だ。だからこそ、その実現を真摯に考えていきたい。
3つの住戸とギャラリー、オフィス、ゲストルームといった性格の異なるスペースを内包するこの建物の中には、緑があり、火があり、水がある。建物のどこにいてもその存在を感じとることができる。慌しく過ぎ去っていく都市の生活の中で、日常の何気ない、しかし二度と繰り返すことのない出来事が小さな自然によって祝福され、日常が生き生きしたものになるように、そしてそれが豊かな記憶として刻み込まれるように、そんなことをイメージしながら設計を重ねた。
現在、同じ通り沿いに、住戸と店舗を併用したパートⅡの建物の工事がスタートしている。点が線になり「街並み」が形成されていくことを楽しみにしている。

左／地階ゲストルーム。中庭の暖炉と背中合わせに室内にも暖炉がある。壁は外壁と同じせっ器質タイル、床はオークフローリング。床暖房を施している。
上／ゲストルームより中庭を見る。開口部には猫間障子を設けている。

下／3階の住戸の居間。台所方向を見る。
右／3階の住戸の居間。天井はタモリブ状縁甲板、壁は外壁と同じせっ器質タイル。床暖房を施している。

190・191

上／中庭より見上げる。右手はエレベーターシャフト。左手は空調、暖炉煙突シャフト。窓まわりが静かな印象になるように開口部にはすべて障子を設えている。
下／外壁に使われたハンドメイドのタイル。1枚1枚違う色とテクスチャーをもっている。

東側外観。道路との間は雑木林となっている。

高貴にして寛容

ある家の設計で、窓の大きさと位置を迷っていた。
何度図面を描いても、模型をつくってみても結論が出ず、おそらく一週間ぐらいそのスタディを繰り返していただろう。さんざん考えに考えたあげく、「もうこれしか考えられない」という窓の大きさと位置にようやく落ち着くことができた。
工事がはじまり、棟が上がった。そして窓ができたという報告を受けて楽しみにしながら現場に行くと、あの窓の位置が図面の指示とは明らかに違っていた。
それは大工の間違いであった。しかし、その間違った場所についている窓がなぜか、「いい」と思えたのだ。

あれほど考えに考え抜き、「これしかない」と結論を出したのに、不思議なものだ。むしろ自分が最後に結論を出した窓のあり方よりも、魅力的で愛らしい感じがした。大工にやり直しをお願いすることなく、そのままの窓の位置で家はでき上がり、今でもその位置でよかったと心から思っている。でももしあのときに、自分が考えに考え抜くことをしないで設計したものだったらどうだったのだろうか？　と考えた。人の間違いや異物を受け入れる寛容さ、そして豊かなイマジネーションの広がりが、はたして設計に備わっていただろうか？　と。

言葉のひとつひとつに至るまでさんざん練りに練って考えたシナリオの台詞を、役者が間違って言ってしまったときに、そのシナリオにはない言葉を「あ、その台詞でいいのでは」と受け入れる映画監督と、緻密に構築された台詞は一言も言い間違えてはならないと、あくまでも役者のミスを否定する監督がいたとしたら、私は前者の監督のように建築の設計をしたいと思う。
建築設計とはひとつのシナリオを描くことであるとすれば、そのシナリオどおりには決して事は進まない。人は同じ行動を繰り返さないし、自然も同じことを二度と繰り返さないことからも、そのこと

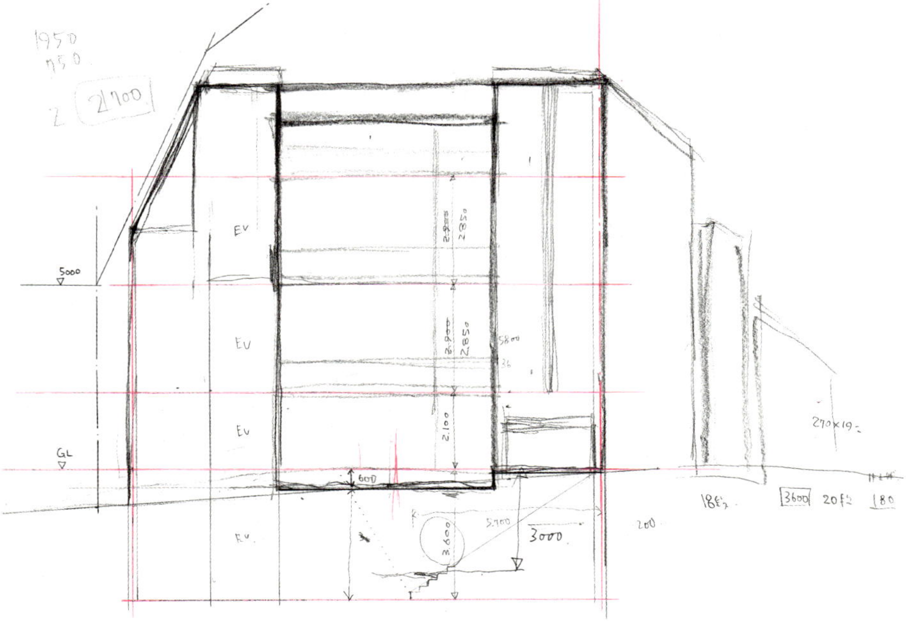

がわかる。だからといって、シナリオを緻密に念入りに構築することを決して放棄してはならない。考えに考え抜き完成度を高めるということは、狭義の研ぎ澄まされたある到達点を示すのでは決してなく、豊かなイマジネーションの広がりと寛容さを得るための、ひとつの試練なのだと思うからだ。

古いギリシャの言葉で、「高貴にして寛容」という言葉がある。昔、ギリシャの人びとは、その言葉を理想としてものをつくり、生活をしていたそうだ。この言葉とギリシャの建築や都市の風景を重ね合わせると、さらに両者が美しく響き合う感じがする。
私はあるときにその言葉に出会い、それまでなかなか結びつかせることができなかった、緻密に物事を構築し完成度を高めることと、おおらかであること、そのふたつをこのシンプルで美しい言葉によって結びつけることができ、そして、思い描く建築の理想のイメージをも膨らませることができるようになった。

ものをつくっていくことは、勝算のない、矛盾をかかえた日々の連続だ。しかし、道化になる必要はない。目線を遠くに延ばし、高い理想のイメージを抱き続けていかねばならない。

赤城のアトリエ

2003

196・197

2階アトリエの東面を見る。右手奥の開口部からの光が湾曲した天井に反射しながら空間を満たす。左手には1階に下りるらせん階段がある。天井高は高いところで4,125mm。画家・小澤基弘の抽象絵画がポツポツと置かれている。

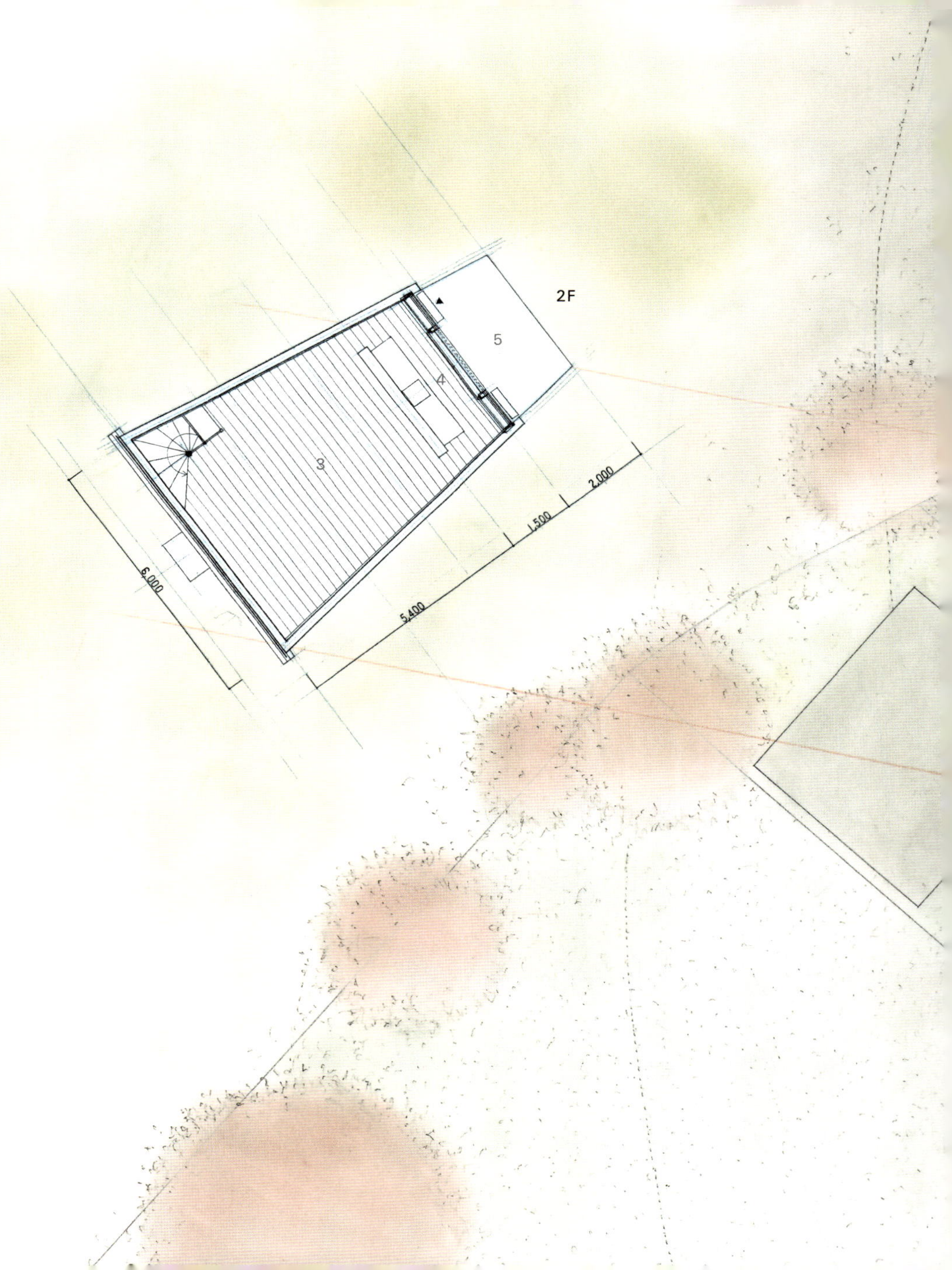

Plan 1/150
1 玄関ホール
2 寝室
3 アトリエ
4 台所
5 テラス

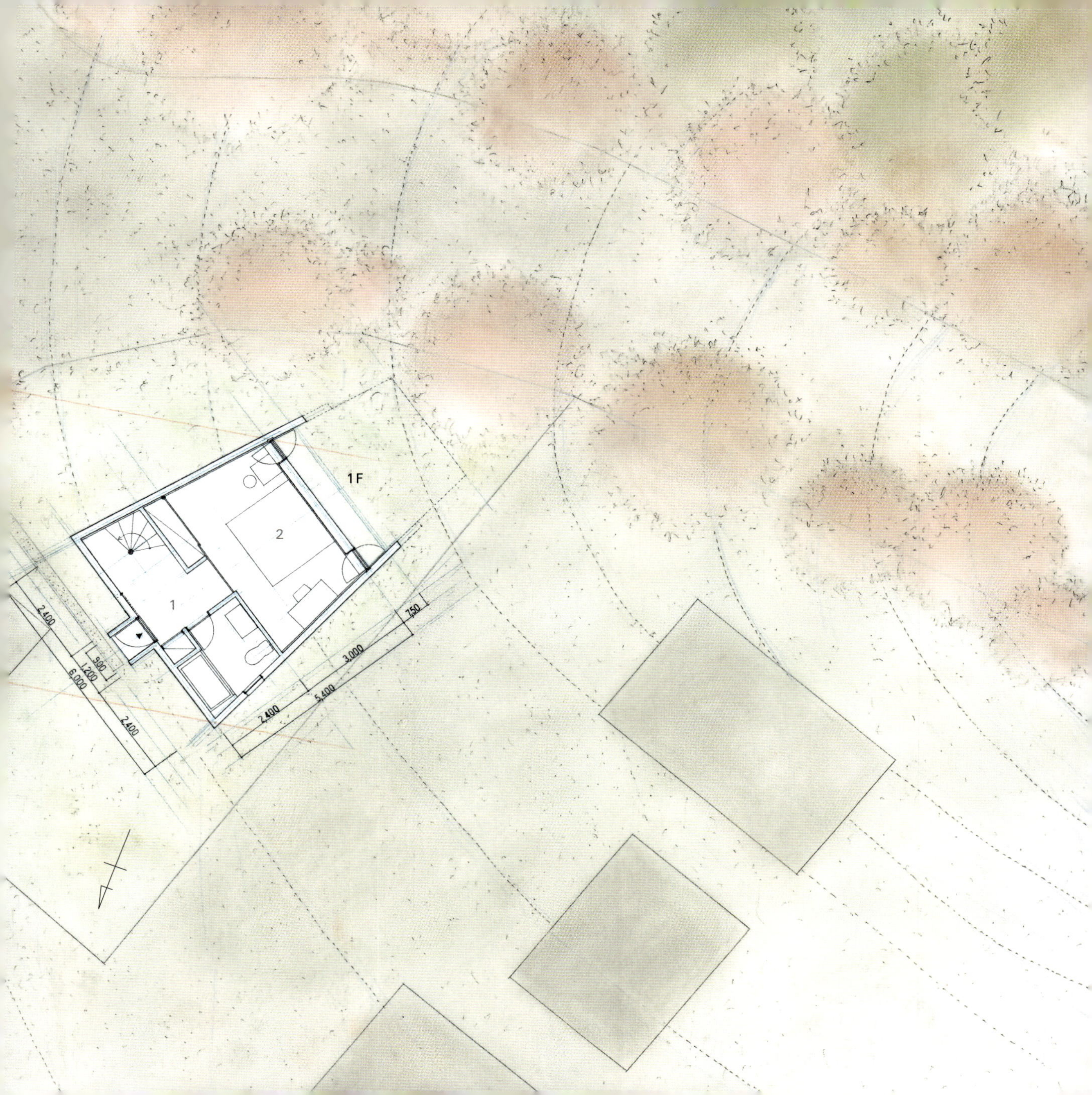
1F
1
2
2,400
900
1,200
6,000
2,400
2,400
5,400
3,000
750

上／アトリエの南側。3,000mm角の衝立の奥に開口部と台所がある。壁は砂漆喰塗り、床はパインフローリング。
右／赤城のアトリエ　基本設計中に描かれた断面スタディ図面。

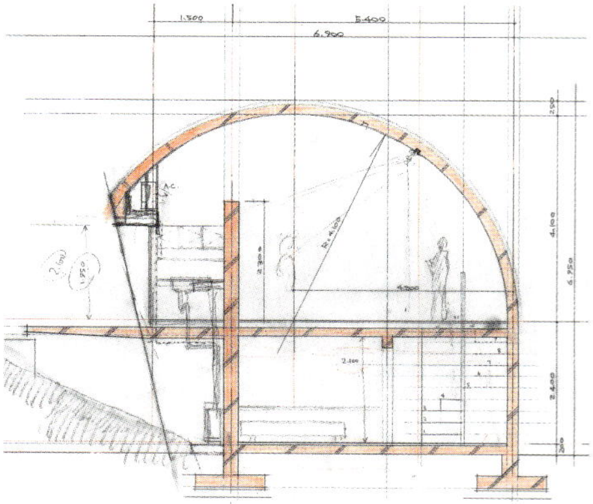

上／螺旋階段を２階のアトリエから見下ろす。段板は白く塗装されている。
下左／らせん階段の左手は玄関扉。
下右／らせん階段の右手は寝室。

美術作品が生みだされる場所、そしてそれを鑑賞する場所、その理想の空間を私はいつも思い描いてきた。美術の居場所とはその土地の記憶とつながった場所であり、そこには特定の光と闇、湿度、匂いが存在しているべきだと思う。
画家である施主とは具体的な設計の話はせず、そんな話ばかりをしながら共有の時間を過ごした。
赤城山麓、利根川を望む穏やかなランドスケープの中に、この小さなアトリエはある。晴れた日には光が湾曲した天井を反射して、間接的に絵を照らす。曇りや雨の日は十分な光が絵に当たらず、逆光の中で絵と向き合うことになる。絵のディテールは闇によって失われ、絵の構成とプロポーションのみが、まるで目を細めて見たときのように浮かび上がる。また制作の場からは直接窓の景色を見ることはできない。雨や風の音、雲の動き、木々のざわめき、一日の陽の移ろい、直接見えないけれども確かに存在するものとの対話——。それは絵が生まれるまで、画家が頭に思い描く脳裏の風景とも重なるような気がする。

2階テラスよりアトリエの開口部を見る。道路の高低差を利用して、2階のテラス経由でアトリエにキャンバスを直接搬入することができる。キャンティレバーのテラスの下には1階寝室の窓がある。

上／1階寝室。天井はコンクリート打ち放し。壁は漆喰塗り。床はモルタル塗りの上にカーペットを敷いている。
右／寝室窓のディテール。窓はテラスの下に位置している。

北面外観。中央は玄関。屋根はガルバリウム鋼板葺き。

東面外観。外壁はコンクリート打ち放し。前面道路は
高低差をもっている。

南面外観。道路沿いには桜並木がある。

206・207

八ヶ岳の家

2004

雪に埋もれた建物全景。十字形をした躯体の入隅に下屋が架かる構成。

アプローチより建物東面を見る。敷地に点在する樹木を伐らずにすむように建物の配置を決めている。電気が点いているところは土間。

階段よりガラスで囲まれたコーナーを見下ろす。柱には籐が巻かれている。

玄関より土間を見る。玄関の右手にはベンチを、左手にはクロークを設けている。床は白河石。ベンチの上にはハイサイド窓からの光が間接的に落ちてくる。

土間よりアプローチ方向を見る。椅子は家具作家・傍島浩美のデザインおよび製作。

212・213

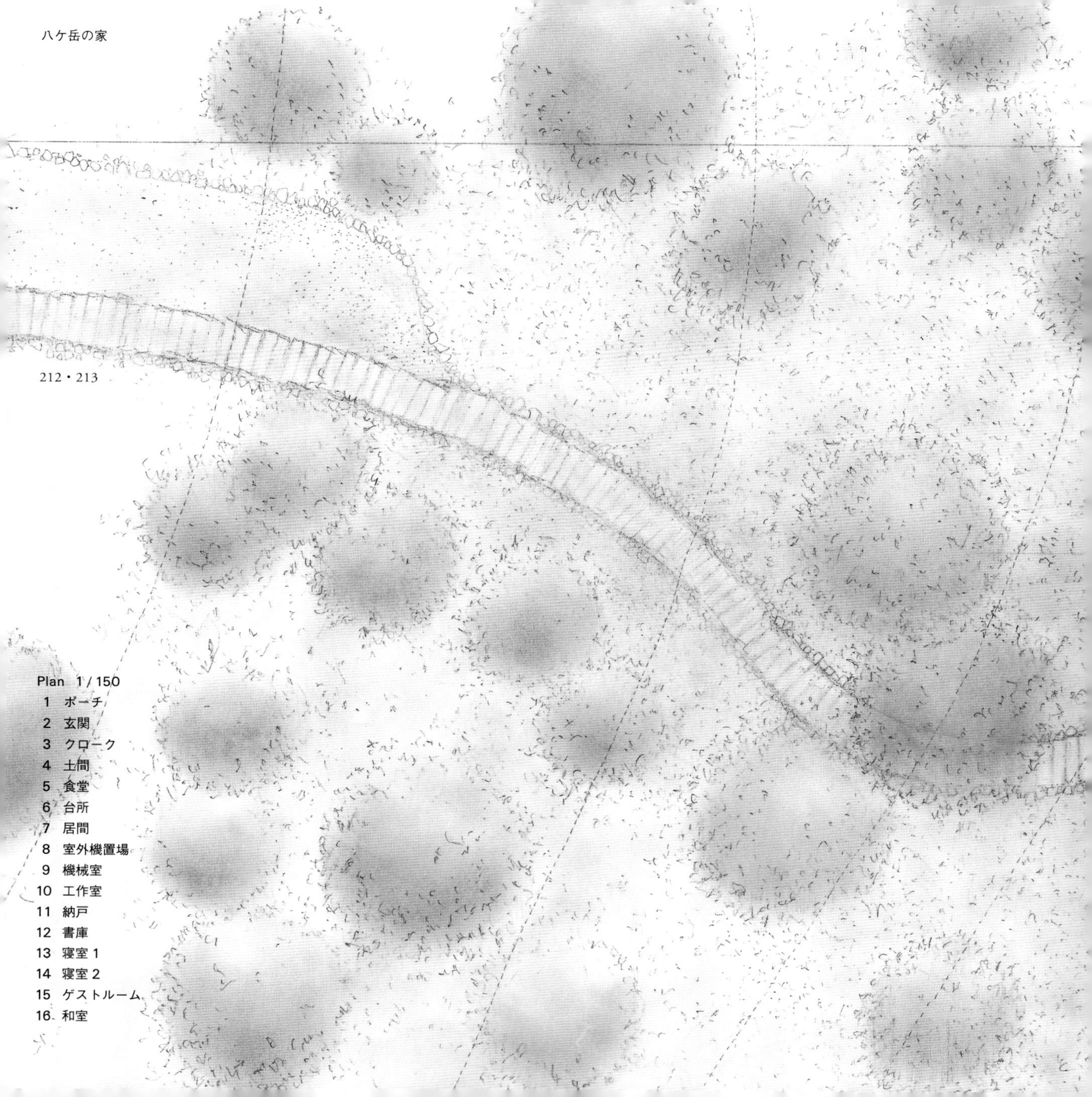

Plan　1 / 150

1　ポーチ
2　玄関
3　クローク
4　土間
5　食堂
6　台所
7　居間
8　室外機置場
9　機械室
10　工作室
11　納戸
12　書庫
13　寝室 1
14　寝室 2
15　ゲストルーム
16　和室

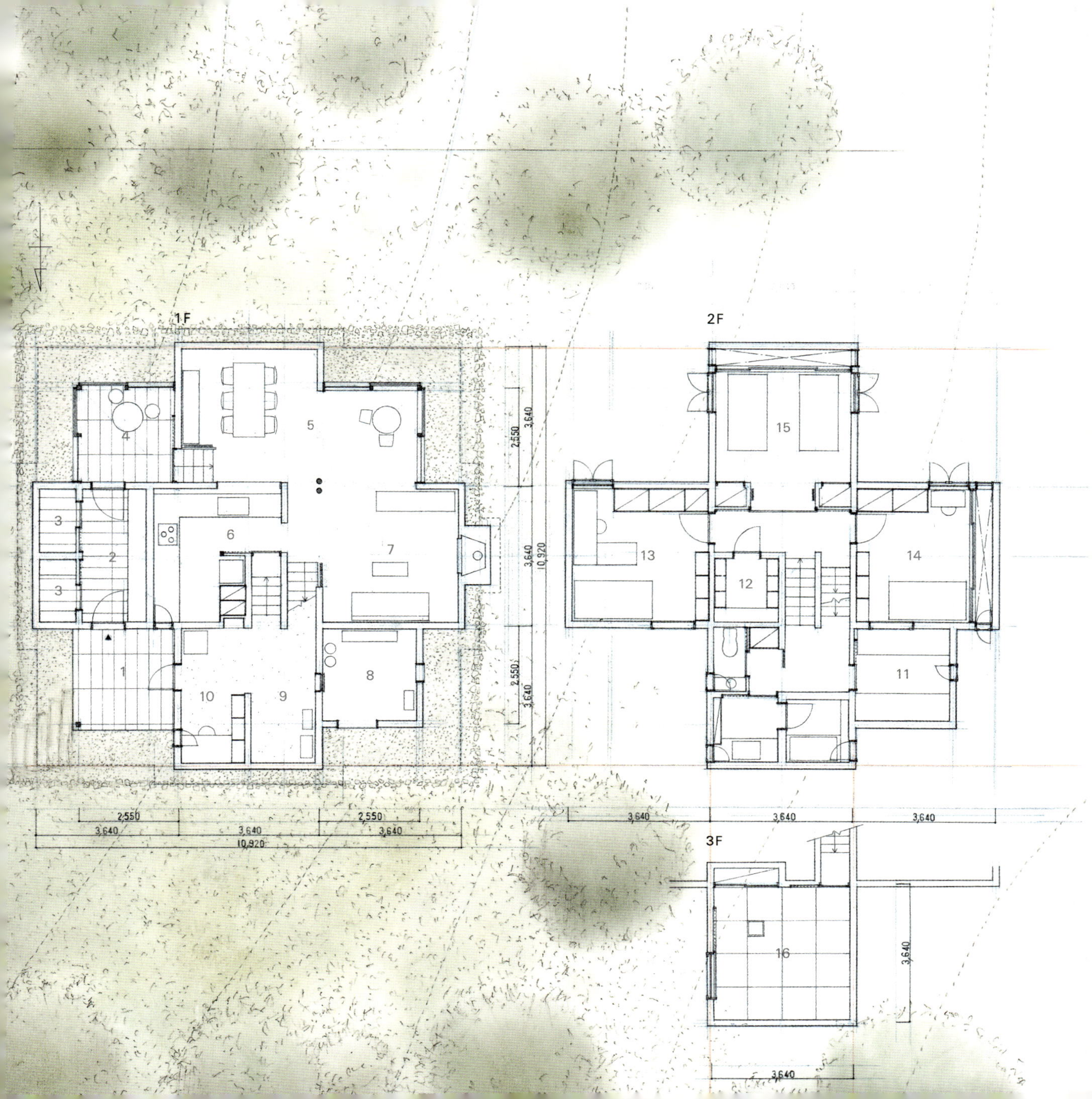
1F
2F
3F
1
2
3
3
4
5
6
7
8
9
10
11
12
13
14
15
16
2,550
3,640
2,550
3,640
3,640
10,920
2,550
3,640
2,550
3,640
3,640
10,920
3,640
3,640
3,640
3,640
3,640

居間西面を見る。2階に設けたハイサイド窓からの光が吹き抜けを通って壁を照らす。壁は漆喰塗り。右手は格子状の輻射暖房機。

食堂より居間方向を見る。天井、床は椹板貼り。

食堂より居間方向を見る。天井高は2,310mm。

食堂南面。2階のハイサイド窓からの光が吹き抜けを通って落ちる。吹き抜けは2階のゲストルームにつながる。

左／寝室1のデスクコーナーを見る。壁は椹板貼り。
右／寝室2を見る。左手は1階への吹き抜けで居間の暖炉のある壁につながる。
下／最上階にある和室。天井、壁は漆喰塗り。天井高は1,400mm-2,200mmと低く抑えられている。

ゲストルームの窓のディテール。開き窓の室内側には折りたたみ式の網戸を設置している。

ゲストルーム南面。正面は1階食堂への吹き抜けとなっている。正面の簾戸の裏には外部に面する窓があり、吹き抜けが光で満たされる。天井高は2,100mm、低いところは2,025mm。

雄大なランドスケープを描く八ヶ岳の裾野に広がる高原の中に建っている。ありのままの自然を残したこの敷地は360度木々に囲まれ、隣家や敷地境界といった人工物はほとんど目に入らない。また風や鳥の声以外の音はなく、空気は静かに澄みわたり、空は青く高く開かれている。敷地を訪れるうちに、清冽で閑静なこの場の雰囲気、空気感を凝縮して結晶化したようなものをつくりたいと思った。十字形の躯体の入り隅に開放的な下屋を架けることで、空間が開かれながらも閉じられるというシンプルな仕組みをつくった。またスキップしながら螺旋状に上っていく動線、高低差をもちながら360度に展開する眺望、そして妻面に設けられた2層の吹き抜けの効果ともあいまって、内部は多様な場と光を内包している。自然、場所、時間、人の営み、それぞれの流れの交点をとらえて見えてくる建築の逞しい表現。その強く結晶化されたものの存在があってこそ、人は自然の中に拠りどころを見出すことができるのではないだろうか。

夏の全景。外壁は杉板の上に米杉の押し縁を等間隔に打ち付けている。

記憶のかけら

222・223

今住んでいる町に引っ越してきたときの話である。はじめての町を散歩していたときに、慎ましやかな平屋の木造の家がいくつか並んで形成されている、集落のような場所を見つけた。老朽化とともに空き家も目立つ中、住宅地に忘れ去られたように存在していた。はじめて出会った風景であったがどこか懐かしく、この町に自分が存在してもいいといったようなことを、静かに、そして無愛想に私に語りかけているようだった。

その後、散歩のたびにそこを訪れた。モルタル塗りの外壁は深く時と記憶を刻み、それを庭木が鬱蒼と覆い、家と家の間の路地は昼間でも薄暗かったが、路地のその先には眩いばかりの明るい庭が見えていた。軒先は手が届きそうなほど低く、巣の中に潜り込んでいくような感覚だった。雨の日は建物と樹木が湿度を含み、深い水の匂いとともにひっそりと風景に沈んでいた。おそらく老人が住んでいるのだろう。夜、暗闇の中、三味線の音や魚を焼く匂いがぼんやりと、オレンジ色に光る窓から漏れていたこともあった。

豊かな空間には、生命感がある。生命があるということは、死があるということだ。明るさは闇とともにあり、わかりやすさは不気味さと不思議さとともにあり、喜びはせつなさとともにあり、青空は雨とともにある。そんな単純かつ複雑な世界の中に、人は調和と均衡のとれたかけがえのない場所を見つけることができる。その場所こそが、「人の居場所」なのだ。犬や猫、鳥や魚に動物としての確かな居場所が存在するように、人にも同じように、動物としての普遍的で確かな居場所が存在するはずだと信じている。

7、8年前のことになろうか。散歩道にあったあの古い家が取り壊され、白々しいマンションとまるで書き割りのような住宅がその跡地に建った。そのときの気持ちは筆舌にしがたいが、身近な肉親や友だちを失ったときのような、あるいは自分の肉体の一部がどこかに置き去りにされたような、深い喪失感と虚無感に襲われた。闇を嫌い、朽ちることを嫌い、過去とのつながりを絶つ。それらの建物は、まるで人の記憶を宿すことを拒絶しているかのようだ。

人が「懐かしい」と感じる瞬間は、過去を振り返っているのではなく、今の自分の存在と居場所を肯定し確認しながら気持ちが未来に開かれている状態だという。人間は記憶を頼りにして未来に生きていく動物であり、確かな記憶が宿らないということは、未来がないということだ。記憶とは、単なる郷愁やノスタルジーとして封印したり置き去りにされるものではなく、将来につなげていかなければならないものだと思う。

人は、それぞれ違う過去と記憶をもっている。しかし、人は明暗、湿度、温度、動き、匂い、呼吸、リズム——それら普段は意識していないけれども確かに肉体の中に存在する記憶のかけらを見出しつなぎ合うことで、人と人とが記憶を共有し合うことができる。その記憶のかけらとは、目に見える具体的な物質や記念的なものではなく、誰もが共感し合える何気ないものだ。そして、どんな時代でも変わらず人の肉体に存在しているものだ。そこに私は、新しく建築をつくることの確からしさを感じる。

町、風景、そして建築とは、そんな眠っている記憶のかけらを呼び覚まし、つなぎ合わせていくことのできる場所でなくてはならない。そして人と人とが自己の存在と居場所を確認し合うことが可能な、未来を肯定する場所でなくてはならない。

府中の家

2004

2階広間。奥行きのある角度で街路樹を望むことができる。

府中の家

226・227

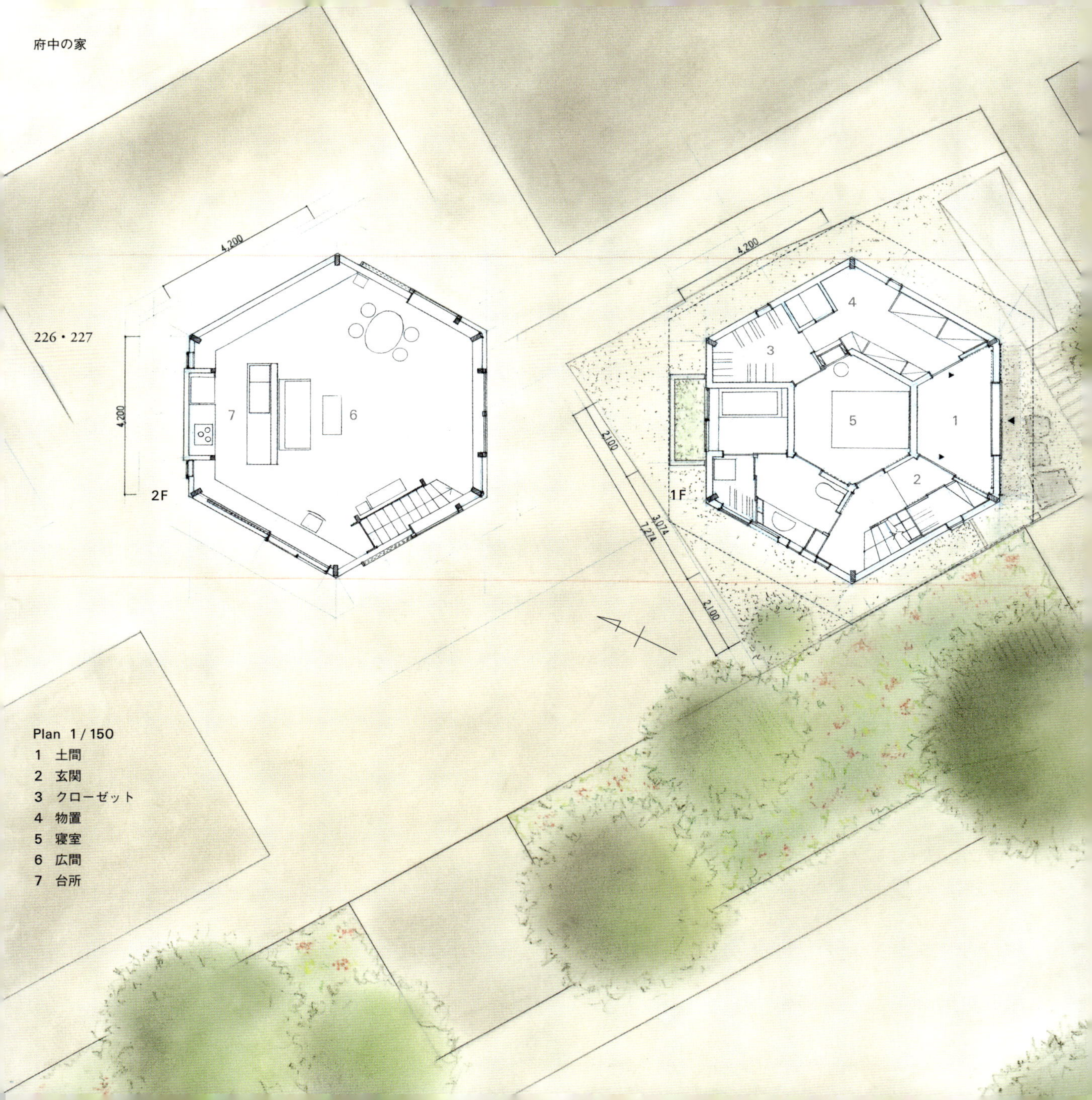

Plan 1 / 150
1 土間
2 玄関
3 クローゼット
4 物置
5 寝室
6 広間
7 台所

この家の設計をはじまりにして、正多角形の平面の家がいくつか生まれてきた。隣家への日照の確保、眺望の角度への呼応、街並みへの圧迫感の軽減、シンプルな屋根伏せ、内・外部に生まれる意外性のあるスペースとその有効性、整った架構、耐震性——。理由は枚挙にいとまがない。でも正多角形の一番の魅力は、パラソルやパオのような原初的な人の居場所にもつながるということと、その施主のためだけに、その土地のためだけに生みだされたかたちではない、ということだと思う。そしてそれは同時に、どんなに小さな住宅であっても建築が「みんなのものである」ということを表現したかったのではなかったのではないだろうか。

今、そう思う。

写真家の住まいとスタジオである。この家の1階は、まるで機械《マシーン》のように機能的にできている。車から機材を降ろす、収納する、現像をする、手や顔を洗う、洗濯をする、着替えるといった一連の生活の動きが、迅速にできるように考えられている。

2階は一転して、あたかも郊外の別荘のような、原初的な小屋のような、そんなおおらかな空間となっている。そしてその異なる性格の場所を「正六角形」というかたちがやわらかく包んでいるのだ。

左ページ左上／洗面所。左手は寝室へ、奥は階段につながる。
同上中／洗面所より浴室を見る。床はモザイクタイル貼り。床暖房を施している。
同右上／土間より玄関を見る。椹の板壁の裏は寝室。
同下／左手に寝室、奥に土間、右手に2階に上がる階段を見る。
上／階段を見上げる。

230・231

上／2階広間。六角形の屋根を見上げる。屋根架構をあらわした原初的な小屋のような空間。
右／外観全景。1階の板戸を開けたところが土間になっている。

FIRE HYDRANT
消火栓

ひたちなかの家

2004

南面全景。ランドスケープに呼応するように、４つの切妻屋根のブロックを扇形状に組み合せている。砂埃を考慮して嵌め殺しの窓を中心に構成しており、外壁から奥まった彫りの深い部分に開き窓を設置している。

ひたちなかの家

234・235

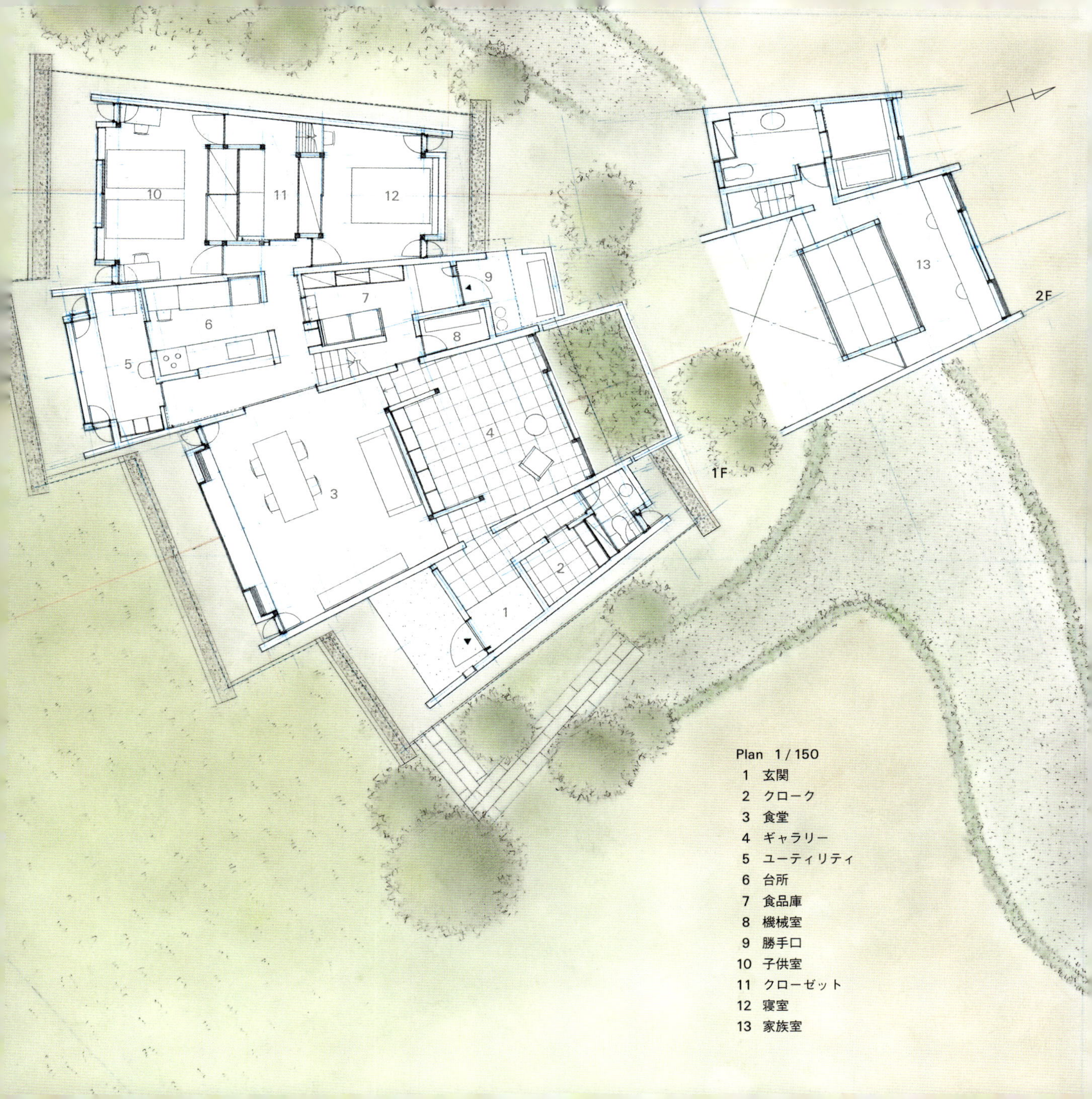

Plan 1/150

1 玄関
2 クローク
3 食堂
4 ギャラリー
5 ユーティリティ
6 台所
7 食品庫
8 機械室
9 勝手口
10 子供室
11 クローゼット
12 寝室
13 家族室

食堂東面を見る。壁は漆喰塗り、床は厚25mmの椹の板。窓台の高さは450mmで腰掛けるのにちょうどよい高さになっている。その下には輻射式の暖房機を設置している。開口部の室内側には簾戸と内雨戸を設えている。

それは魅力的なランドスケープを描く場所だった。
地形は穏やかな弧を描きながらゆるやかに傾斜して開かれており、その遠く先に海の存在を感じさせた。そんなランドスケープに呼応しつつ、あたかも波打ち際の心地よさにも似た、寄せては返す心地よいリズムに包まれながら空間が変化し流れていくような、そんなやわらかくさわやかな空間のイメージを設計に重ねた。
地形に馴染むように扇形に配置された4つの台形のブロックは、東からエントランスゾーン、リビングゾーン、水まわりゾーン、個室ゾーンという特定の役割が与えられている。中央に位置する水まわりゾーンはこの家の心臓部であり、さまざまな生活に必要な機能が集約されている。家事動線はこのゾーンの行き来で完結し、ゆえにほかのスペースの静謐さが保たれている。
また設備機器や排気ダクトなどを専用のスペースに納めることで、家の周囲に雑多で喧騒な印象のものを露出させず、風景の中に静かに家が佇むように注力した。

238・239

２階家族室より食堂を見下ろす。家族室はタタミ敷き。

ギャラリーより北庭を見る。開口部の高さは1,350mmと低く抑えている。床はライムストーンで床暖房を施している。北庭には富貴草を植えている。

北面外観。4つの切妻屋根が重なり合う。左手のコンクリート塀の内側はギャラリーの北庭。その横の塀の内側には灯油タンクを設置している。外壁は米杉。

畑から見る。右手には母屋の古い蔵がある。

桜山の家

2004

242・243

各場所のディテール。生活に呼応して家は多彩な表情を見せる。

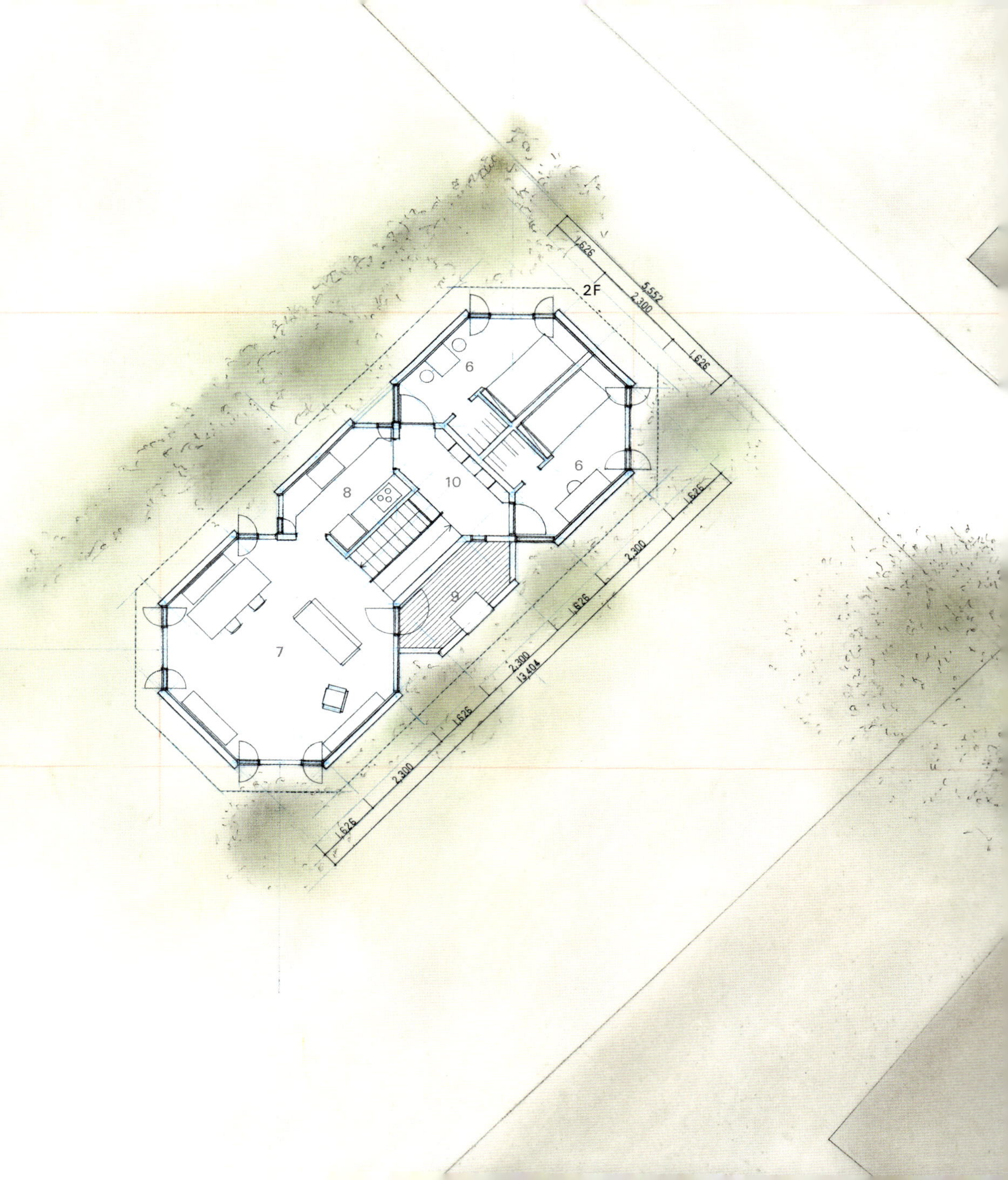
2F
1,626
5,552
2,300
1,626
6
6
8
10
7
9
1,625
2,300
1,626
2,300
13,404
1,626
2,300
1,626

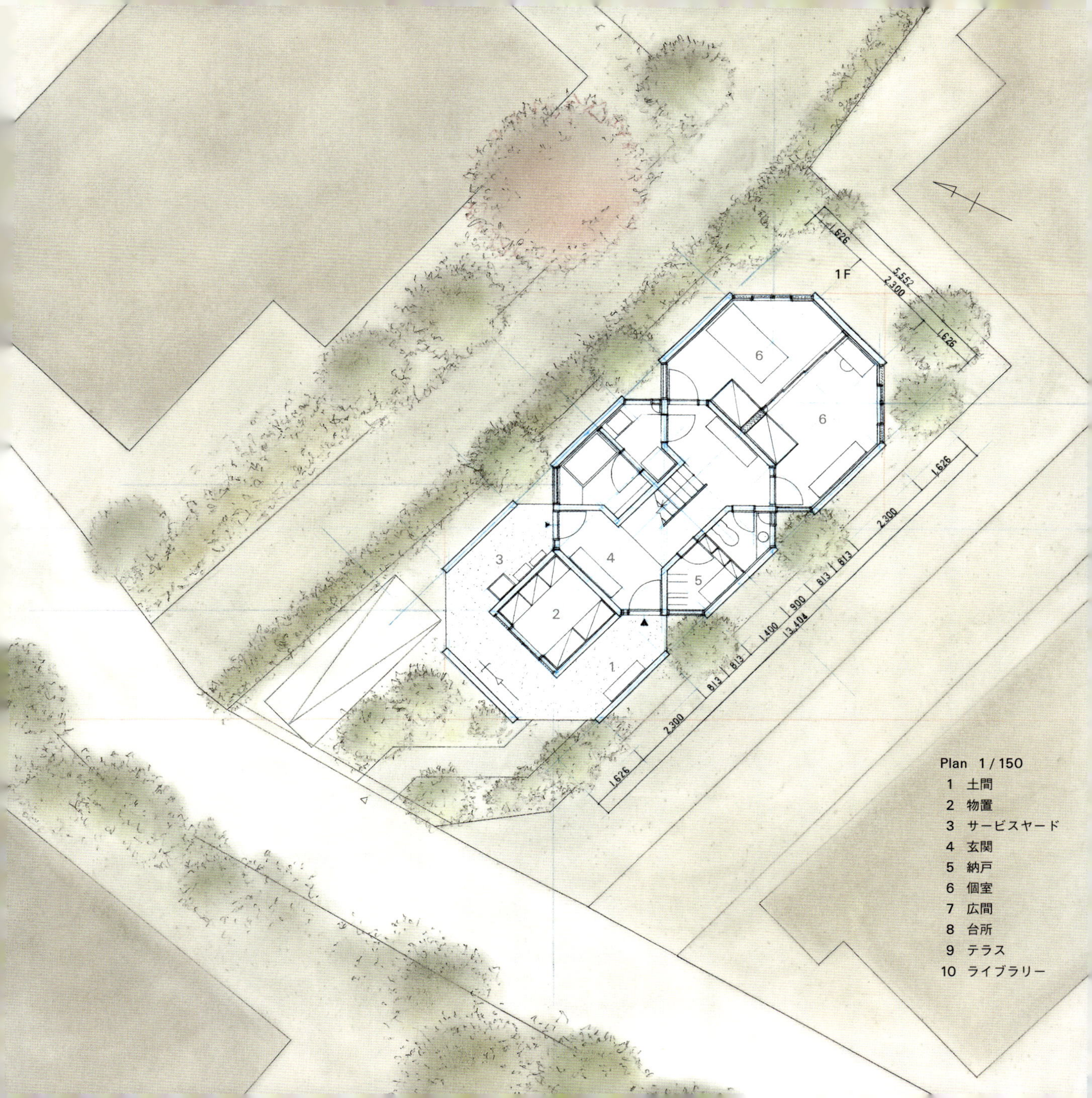

Plan 1/150
1 土間
2 物置
3 サービスヤード
4 玄関
5 納戸
6 個室
7 広間
8 台所
9 テラス
10 ライブラリー

玄関より階段を見る。左手はサービスヤードにつなが
る勝手口。

246・247

階段を見上げる。階段は鉄製、段板と手摺はタモの無垢材でできている。

1階浴室。窓と浴槽は木製。対角方向に緑を眺めることができる。

2階広間。天井はラワンベニヤ、壁は漆喰、床はナラ無垢フローリングで床暖房を施している。対角方向に窓を設け、正対する方向にある隣家の視界を避けながら緑を眺められるようにした。

食卓脇の窓を見る。板戸を開けたところ。手前の十字形のフレームは網戸の中桟。

ライブラリーより広間を見る。ライブラリーと広間とは270mmのレベル差があり、それをスロープでつないでいる。スロープには竹のマットを敷き、滑り止めの機能をもたせている。

海から細い道を登って数分のところ、山の中腹に建っている。
はじめて敷地を訪れたとき、敷地に正対する方向には隣家が迫っていたけれども、敷地のそれぞれの角に向かっては隣家の隙間から山や緑、そして登り坂の奥行きのある風景もとらえることができたので、その印象をそのままに、対角線方向に視界が抜けていくプランを考えはじめた。
次に考えたのは、プランと構造との整合性である。対角線方向を開放したプランは、どういう構造形式を必要としているのだろうか?　スタディを重ね、結果として自立したRCの10枚の壁柱が3つに重なり連なった八角形のスラブを支え、八角形のそれぞれの斜辺の部分が開口部として開放されるという、明快な構造形式を導いた。三角形に隅切りされたおのおのの外部スペースには樹木が植えられ、どの窓からも緑が眺められるようになり、また街並みに対しての圧迫感が軽減されたように思う。
建物に裏表をつくらず、内外部すべての空間を等価に扱う設計に、確かな手応えと充実感を得られた。

252・253

下／広間南面。左手奥にライブラリーの明かりが見える。
右／桜山の家　基本設計時の平面スタディ。

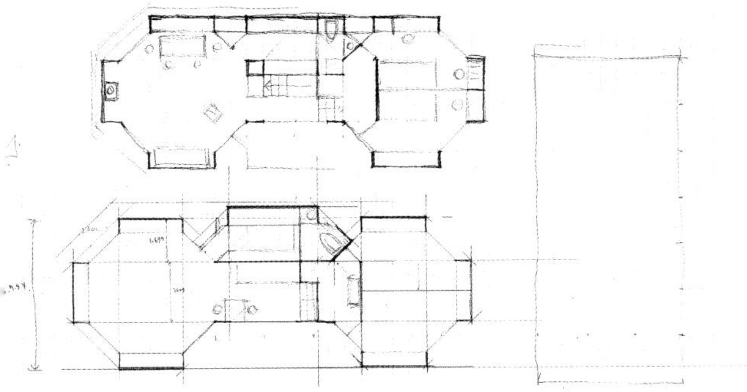

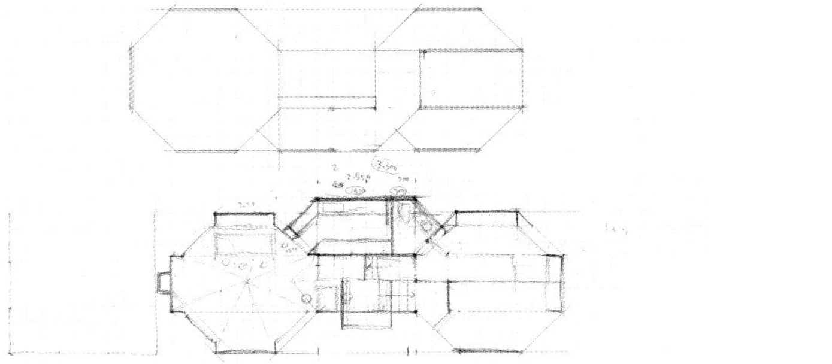

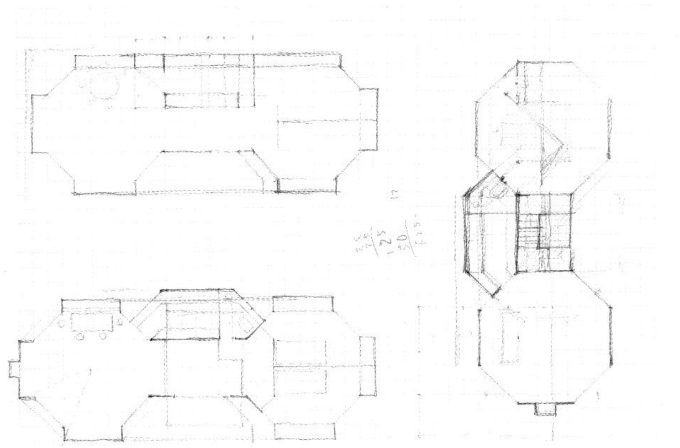

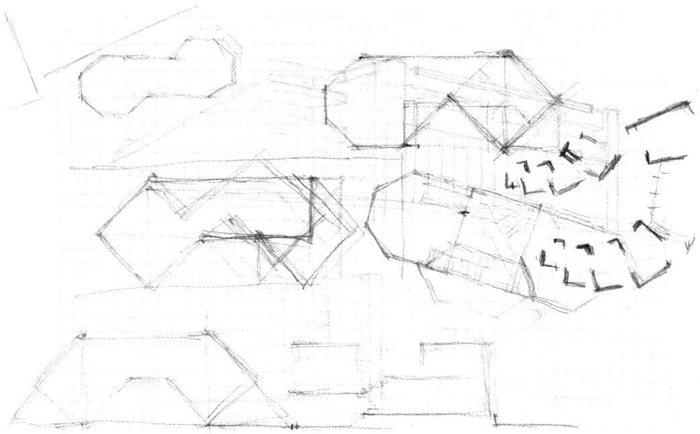

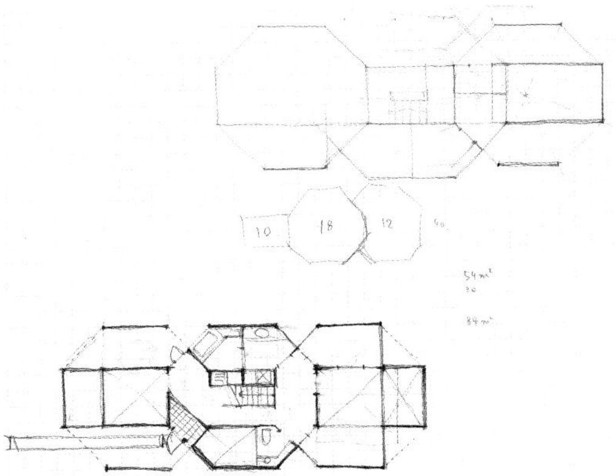
10
18
12

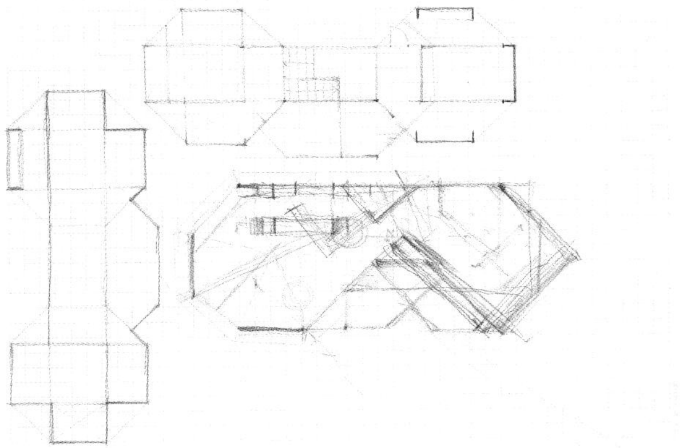

上／外観全景。RCの壁柱がスラブと木造の小屋を支える。対角方向に木製の開口部が設置されている。築3年をむかえ、樹木もだんだん成長してきている。
左／南面外観ディテール。

南側の個室の窓を見上げる。

由比ガ浜の家

2004

広間西面を見る。白い丸柱は正五角形の中心に位置する。

右／玄関ホールより食卓を見下ろす。窓の先には三角形に切り取られた芝生の庭が見える。床は厚さ30mmの杉板に塗装仕上げ。

玄関ホールより広間を見る。壁は漆喰塗り。広間の天井高は2,800mm。

広間より玄関ホールを見る。玄関ホールと広間とは540mmのレベル差がある。

食卓より庭を見る。庭の向こうには川が流れている。

Plan 1 / 150

1 玄関
2 台所
3 広間
4 個室
5 納戸
6 ホール
7 クローゼット

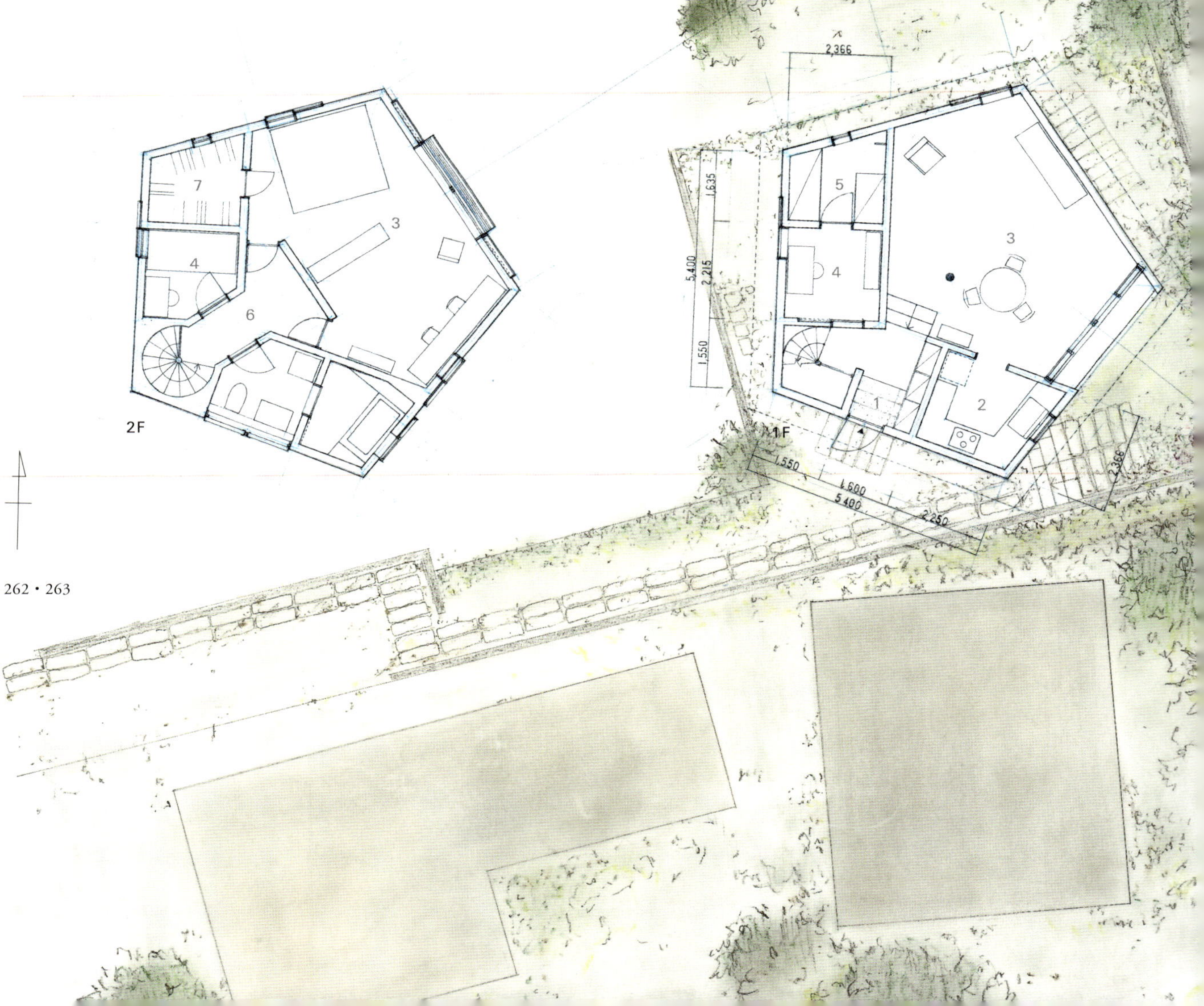

歴史ある古都の住宅地に建つ小さな住宅である。
日本各地に見られる現象であるが、敷地の細分化とそこにあらわれる書き割りのような建物によって、それまでの風情や情緒が急速に失われつつある。この敷地も小さく細分化され、旗竿となった土地に計画された。
以前この住宅地に建っていただろう家の材料やスタイルを踏襲することなく、どうしたら今まで存在していたこの場所の静かな時間の蓄積を感じさせる空間をつくることができるのだろうか？　そんな問い掛けから設計がはじまった。
この建物の平面は、正五角形をしている。しかし、内部にいるとき、その強いかたちを感じることはない。たとえば、俳句は5・7・5という揺ぎない「かたち」をもっているが、そのかたちを身体化させている俳人は、そのかたちを意識して俳句を詠むことはない。また俳句を読む人も、かたちなど意識することなく、気持ちのよいリズムと余韻を感じているだけである。
建築における幾何のあり方も、そのようなものでありたいと考えている。

上／前庭より玄関扉を見る。かつて護岸擁壁に使われていた大谷石を踏み石に再利用している。
左下／玄関前のディテール。
右下／玄関ホールより見返す。右手には2階に上がるらせん階段がある。

右ページ／階段室の各ディテール。壁は漆喰塗り。段板は杉板。上り下りのたびに光の加減で表情を変える。

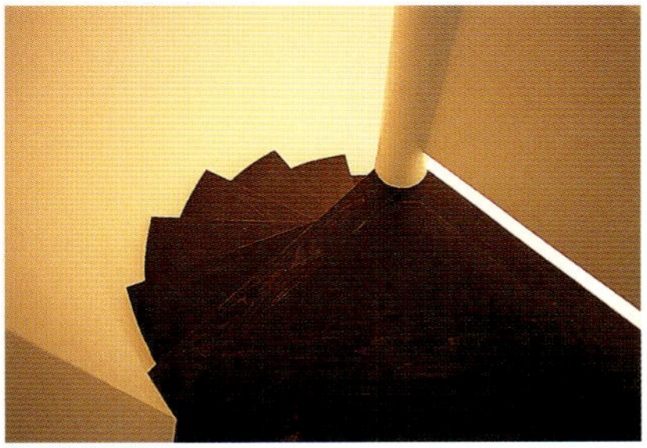
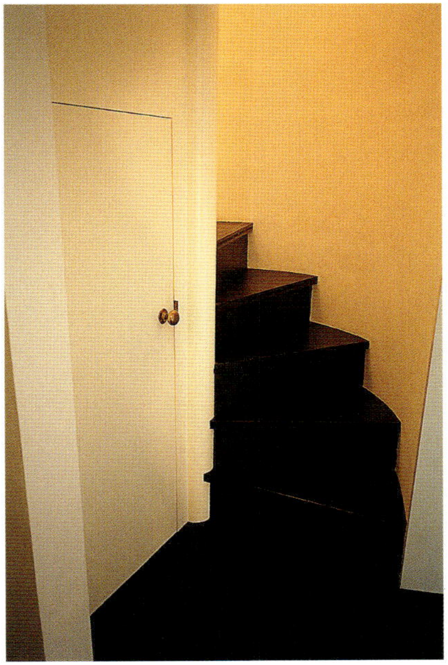
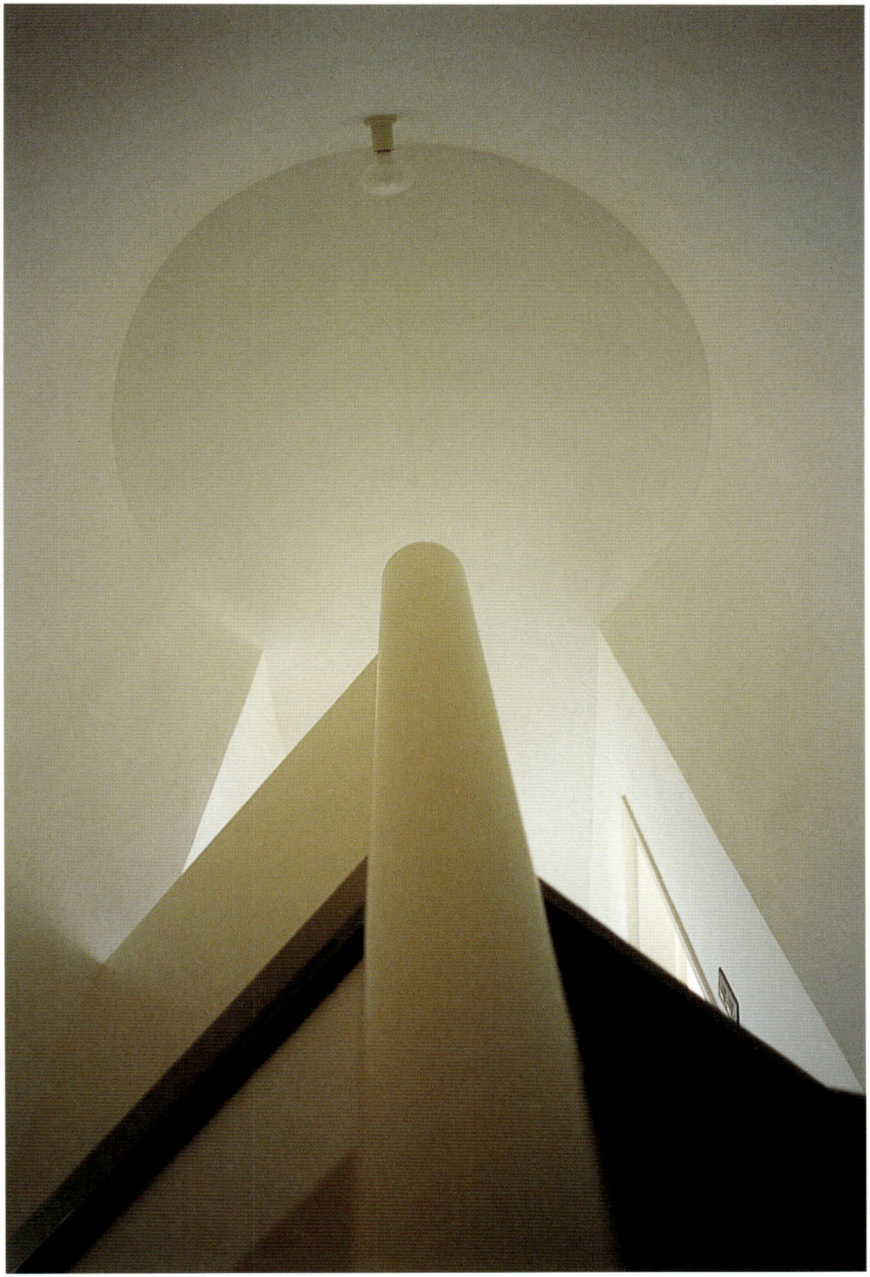

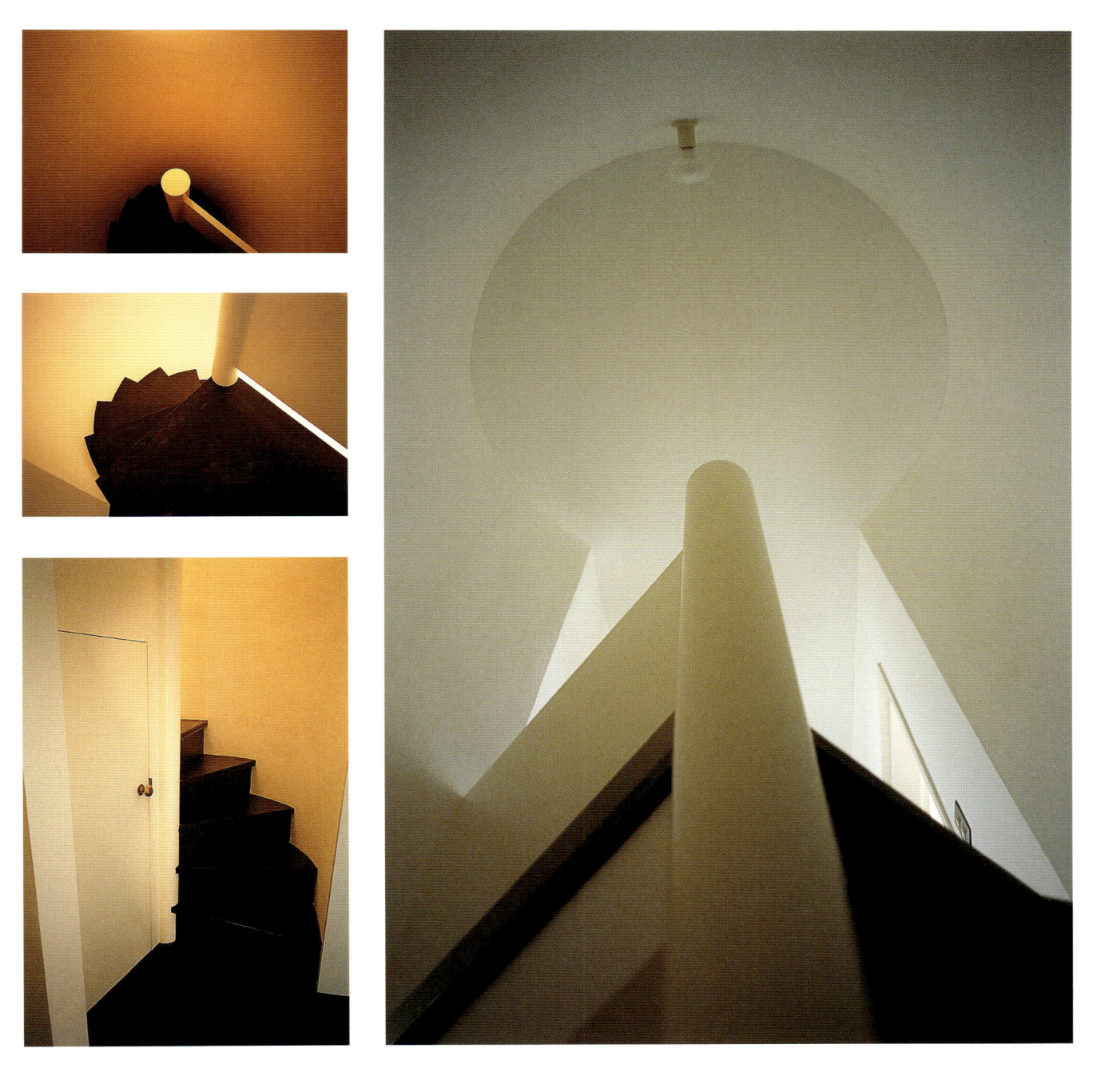

上／2階の広間。寝室として使われているコーナーを見る。家具の配置によって色々な場所をつくれるような部屋となっている。
下／東側に設けた窓。遠くの山や川を見下ろすことができる。窓台は外に延びており、腰掛けられるようになっている。
右／2階の広間の書斎として使われているコーナーを見る。壁は漆喰塗り。

2階の広間の天井を見上げる。屋根の勾配なりに天井を傾斜させており、中央をフラットに抑えている。

左上／2階洗面所。
左下／2階の階段ホールより洗面所を見る。
右上／2階の浴室。川の風景を見下ろして眺めることができる。
右下／1階の台所。五角形のコーナーの角度を利用してコンパクトにまとめている。

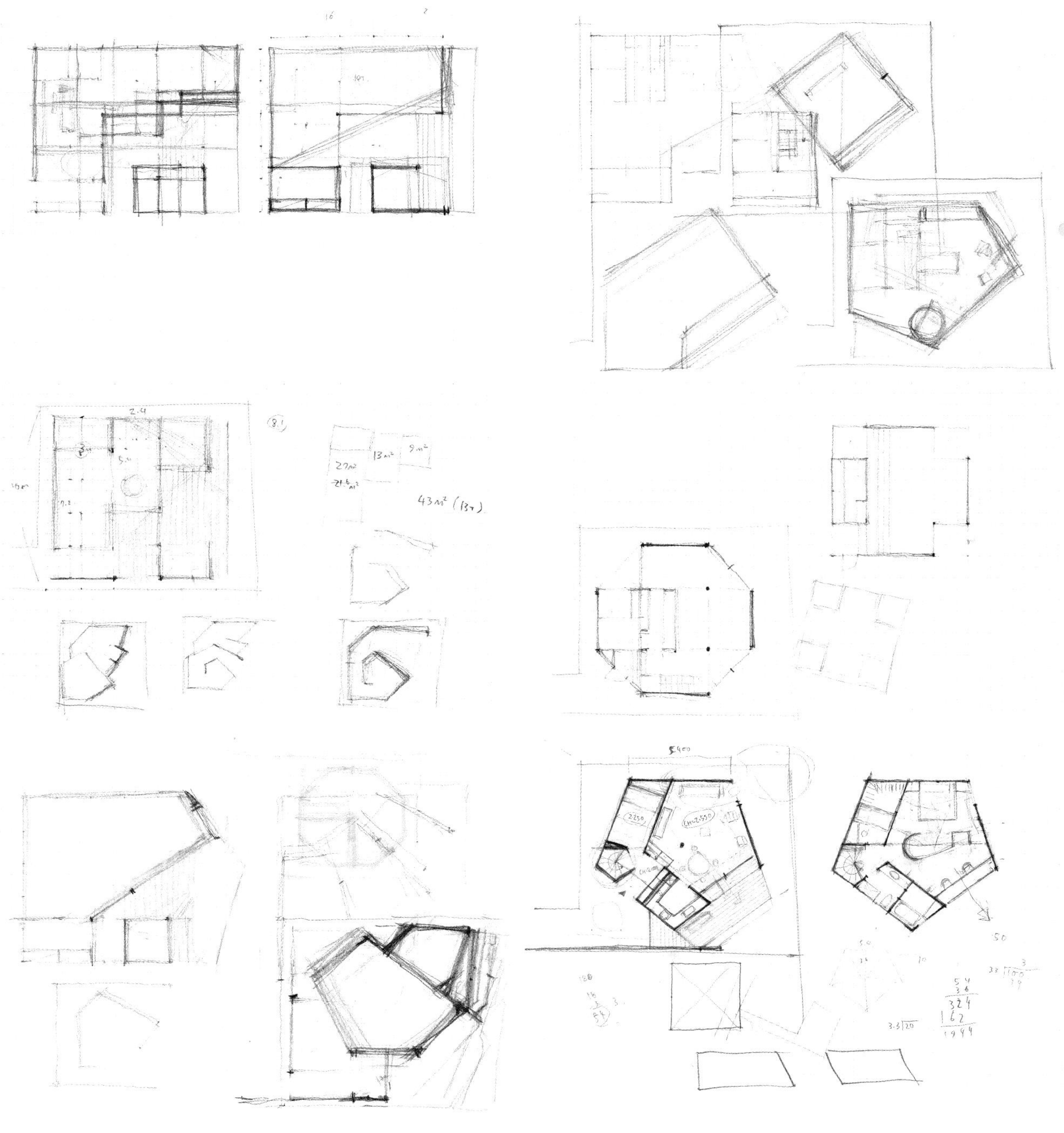

13m²
9m²
43m²
5400
2250
CH=2550

左／由比ガ浜の家　基本設計時の平面スタディ。最初は五角形以外の平面も考えていた。
右／アプローチより外観を見る。旗竿敷地の奥に建物がある。黒い扉が玄関扉。

建築が生まれるとき

「由比ガ浜の家」の設計にあたって

272・273

それは魅力的な敷地だった。敷地の横には鬱蒼とした樹に覆われた川が流れ、おそらく2階のレベルからは対岸の先に遠くの山並みを望めることが想像できた。
新しい開発の波がすぐ近くまで来ているけれども、古都の風情と豊かな時間の蓄積を感じる、奥行きのある場所だった。

いつものように設計をはじめて、色々なプランを考えたけれども、新しく自分がつくりだす平面計画やかたちにどこか違和感があった。魅力的な土地であるからこそ、「新築の新しい家」を設計することの気負いが常に邪魔をしていたのだ。
しばらくして、いつだったか、落書きのような気楽な気持ちで正五角形の平面を敷地図に描いた。そうしたら不思議なことに、それまでとまっていた鉛筆がどんどん滑りだし、あっという間にプランができてしまった。それまでどうしても解けなかった機能的な問題さえも、誰かが考えたかたちではない、その土地だけのために考えられたわけでもない正五角形のかたちが一気に解決してくれた。
そのとき、新築の家の設計にもかかわらず、もともとこの土地にずっと長く建っていた古い五角形の建物を自分が改築しているような錯覚を覚えた。建物の骨格に対して疑うべくもなく、また窓の位置や天井の高さ、素材などもその建物が教えてくれたかのように、自然に導かれて決まっていったからである。
すでにあるように思えるものとの対話を繰り返したり身をまかせながらの設計には、静かな時間が流れ、心地よい自立と自由があった。

そんなふうにプランが決まったそのとき、豪雨で川の護岸が崩れ、敷地の3分の2が川に流されて沈んでしまった。建築の設計には予期せぬ出来事が常につきまとうが、今回ばかりは想像をはるかに超えた出来事だった。でも、不思議なことに気丈でいられた。土地がなくなったにもかかわらず、あの五角形のプランは自分の中でまったく揺るがず、もう在るべくして在るという感覚を強くもっていたからだ。

護岸が崩れて復旧の目処も立たない不安な状況の中で、新しい家のビジョンを共有したいと思い、施主に五角形のプランを見せた。
何十年もそこに建っていた古い五角形の建物を改築して住宅として蘇らせたような、そんなことを思い浮かべながら設計しました、と伝えた。
施主はその話をどこか不思議に聴きながらも、視線は遠くを見据え、家づくりに気楽に気長に向き合いはじめている様子であったことを覚えている。

護岸の復旧工事に半年近くを要し、家ができ上がるのが大幅に遅れてしまったけれど、家ができた後に護岸が崩れていた場合を考えると恐ろしくもあり、工期の遅れなどなんら大きな問題であるとは思えない。プランが導かれたようにできていったすぐ直後に護岸が崩れたというタイミングは、どこかあの五角形の建物の生命力が導いたのではないかと思わざるを得ない、不思議な経験だった。

那珂の家

2005

南面全景。紅葉の大木の木陰に佇む方形屋根の平屋。屋根はガルバリウム鋼板小波板。外壁は杉板貼り着色仕上げ。

東面外観。手前は杉苔の庭が広がっている。

下／アプローチのディテール。
右／アプローチよりポーチを見る。アプローチの踏み石は大谷石。

278・279

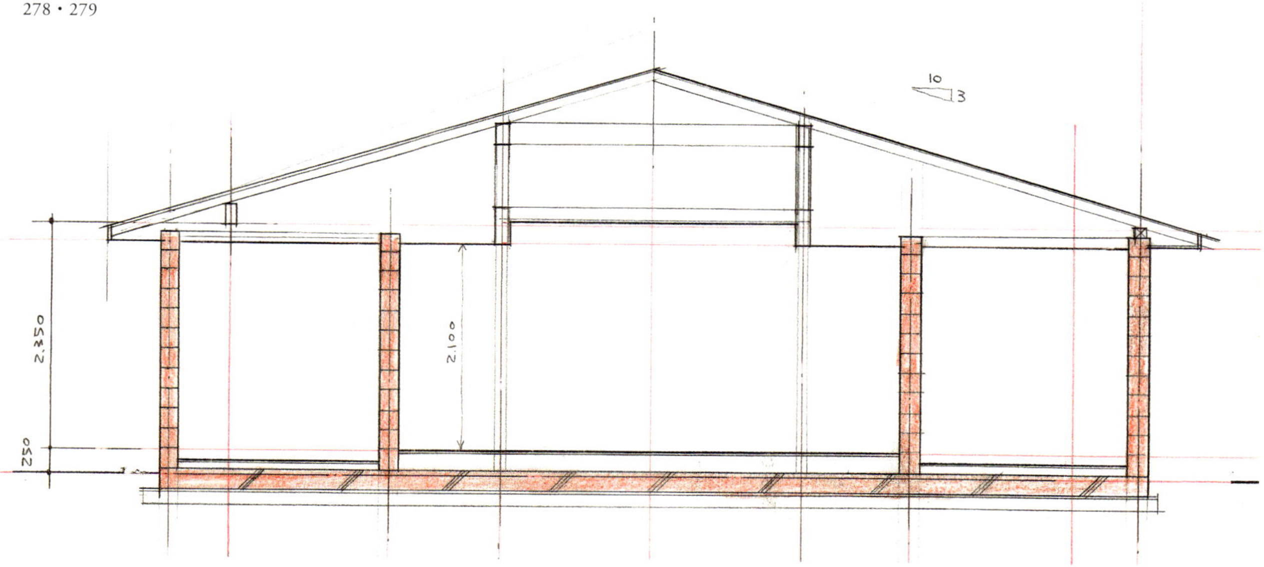

那珂の家　実施設計初期の段階の立・断面スタディ。
壁をコンクリートブロックでつくることも考えていた。

広間よりポーチを見る。奥に見える木はアオハダ。

九州の大分県に富貴寺という寺がある。まったく不安定なところのない、端正で品格のあるフォルムをもつ建築である。訪れるたびに、「いつしかこのような建築をつくりたい」と思っていた。
富貴寺には機能はそれほどない。しかし、住宅のように幾多の機能を備えながらも、このような佇まいを実現することも可能なのではないだろうか、あるいはそんなにお金をかけなくとも、そのことの実現は可能なのではないだろうか。そんなことも、あれこれ思いをめぐらせていた。
広大な造園家の植木畑の中にポツンと建つこの平屋の小さな家の設計においては、特にその実現への気持ちが強かったのだと思う。住宅としての雑多な機能がそのまま形態にあらわれるようなことを慎重に避けながら、しかし機能性を両立させた揺ぎないフォルムと存在を示したいと願った。

280・281

広間の食卓より東南の杉苔の庭を見る。コーナーに設けたフィックス窓の両脇には開き窓を設えている。窓台の高さは360mm。

左／広間の東面を見る。天井高は2,160mm。床は厚さ30mmの杉板、着色仕上げ。左手には台所の流し台がある。
上／広間の南西のソファーが置かれたコーナーを見る。
下／書斎より広間を見る。奥に紅葉の木が見える。

那珂の家

284・285

Plan 1/150

1 ポーチ
2 納戸
3 広間
4 台所
5 書斎
6 寝室

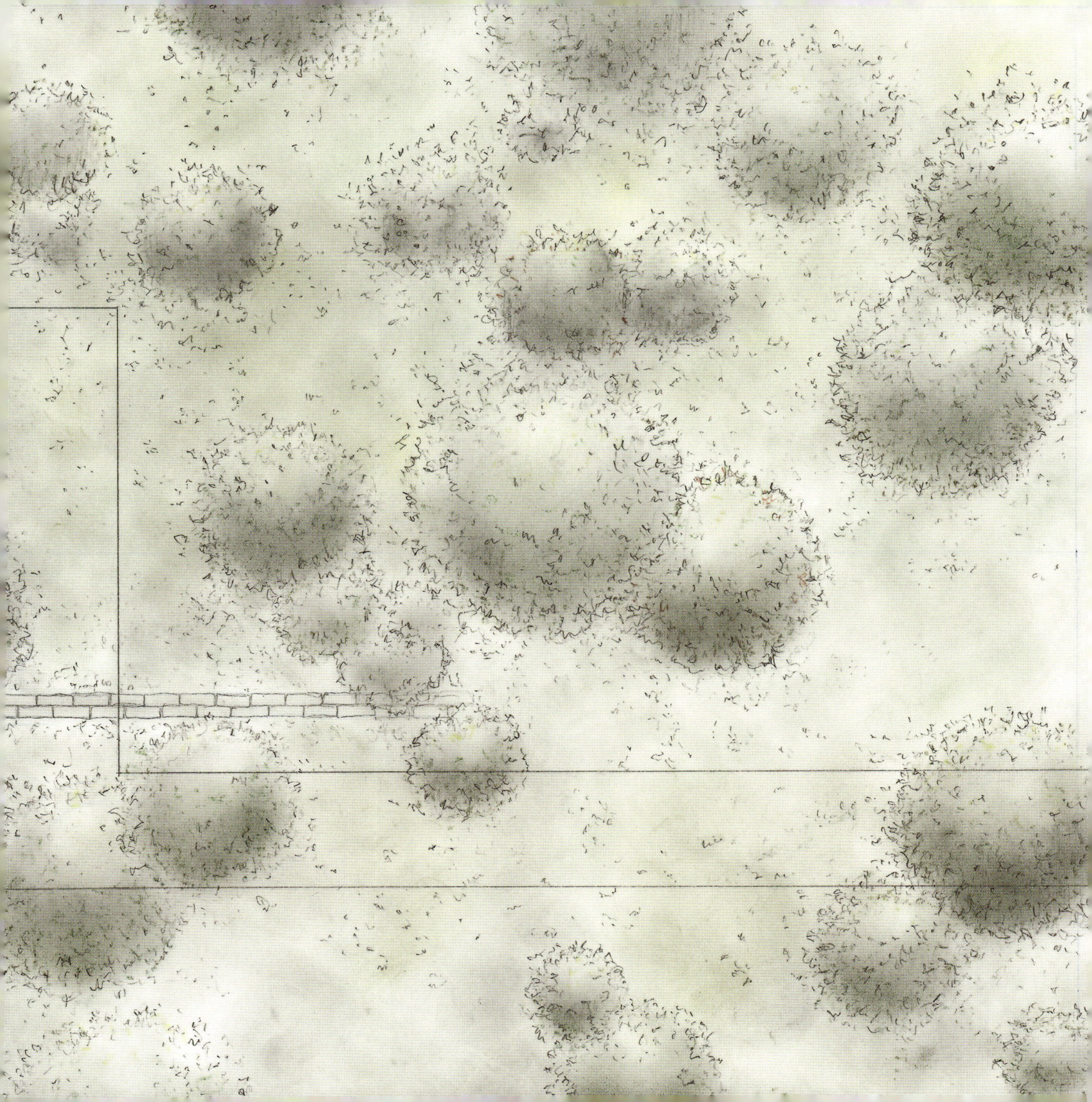

造園家の仕事場として使われる書斎。可動式のデスクが置かれている。

書斎の横長窓より石垣を見る。石垣は施主自らが積んだもの。

南東面外観。外観にはなるべく雑多な印象のものが露出しないように配慮している。

鎌倉山の家

2005

292・293

北面全景。扇状に配置された４枚のRC造の壁柱がスラブと木造の小屋を支持する。その他の壁は木造となっており、その部分には米杉の板を貼っている。左手の下から車庫の格子戸、浴室の出窓、アトリエの出窓となっている。

294・295

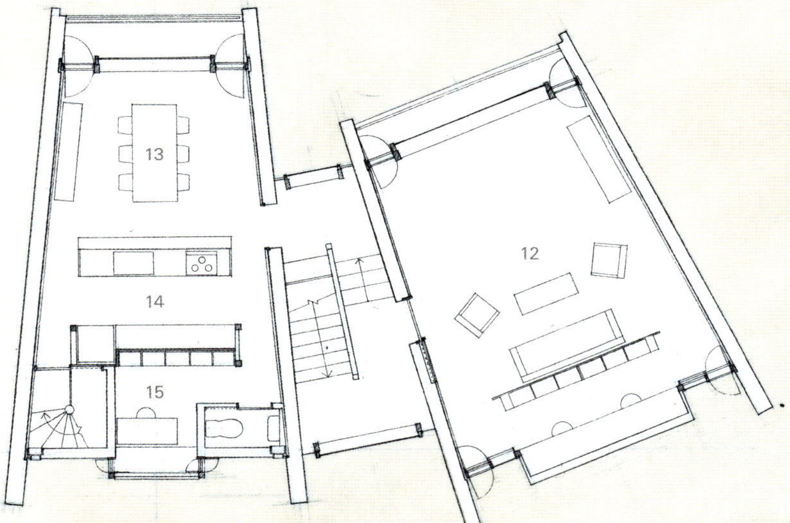

2F

Plan 1 / 150

1 車庫
2 機械置場
3 物置
4 勝手口
5 玄関
6 家族室
7 子供室
8 寝室
9 ウォークインクローゼット
10 物干台
11 テラス
12 居間
13 食堂
14 台所
15 アトリエ

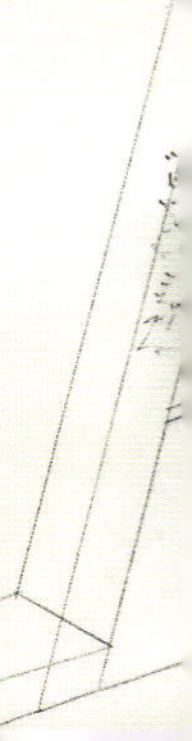

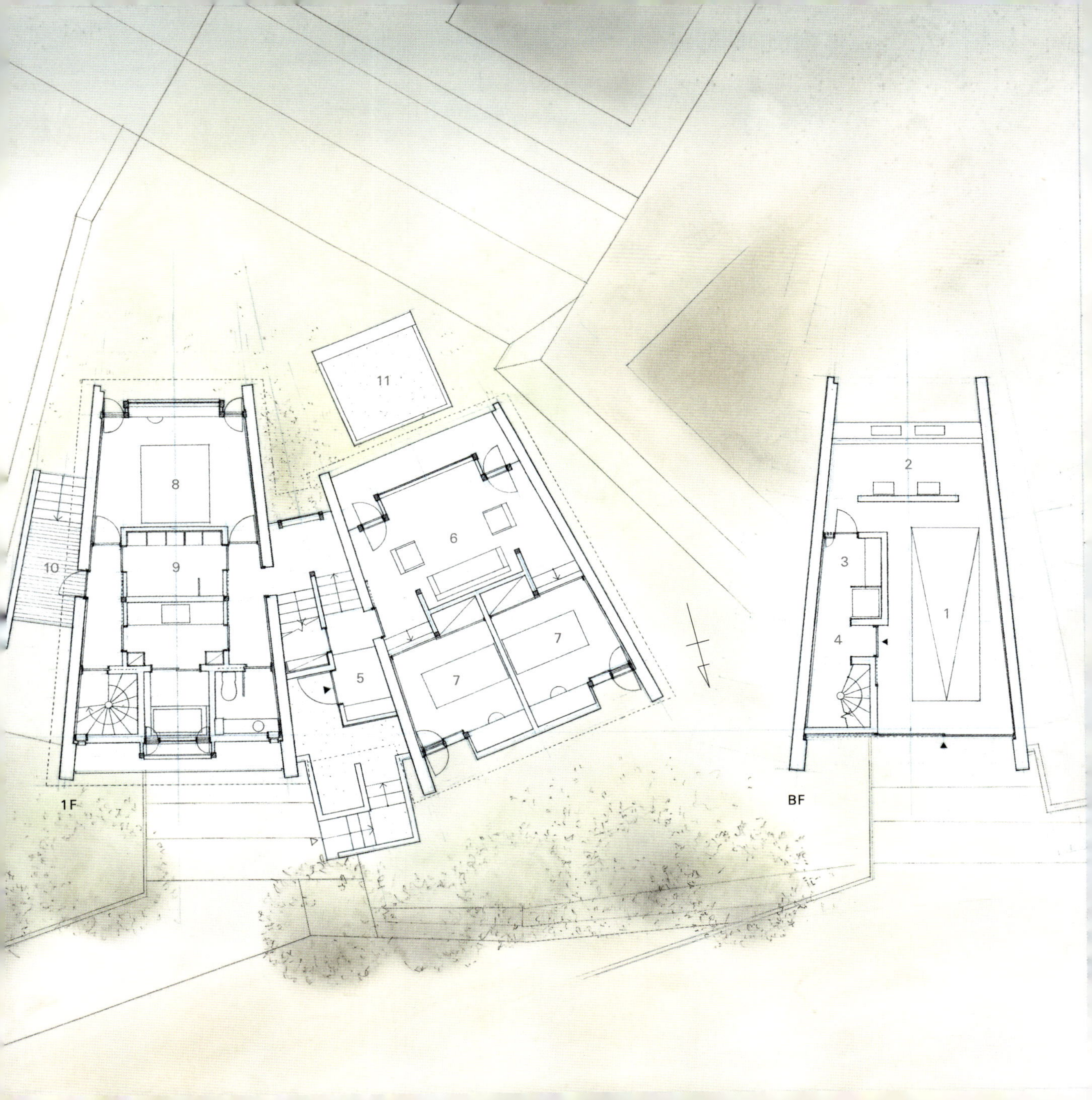

11
8
10
9
6
5
7
7
2
3
1
4
1F
BF

建物の中央にある階段室。スキップ状に構成された各フロアをつなぐ。右手は居間への入り口。

敷地は鎌倉山の頂部に位置し、南は相模湾、北は大船の市街と山並みを望むことができる。
はじめて敷地を訪れたとき、無粋な擁壁でつくられた造成地が不自然に目に映った。また周囲に遮るもののないこの土地の風圧はかなり強く、人工的な地盤の上に建物を軽く載せることが頼りないことのように思えた。そこで既存の擁壁の一部を壊し、もとの自然の地山に深く楔を打ったかのような躯体をつくることをイメージし、4枚のRCの壁を力強く築いた。この壁は変形した三角形の敷地形状に合わせるように、また海からの風を切って流すように扇型に配置し、建物に特徴的なリズムと動きを与えている。
ゾーニングとプランニングはきわめてシンプルなものであるが、スキップ状に配置された床レベルの変化や天井の高低などによって、それぞれの場所に変化と特徴を与えている。

階段室。正面左手の開口部は食堂につながる。天井は杉板貼り。壁はコンクリート打ち放し。

1階家族室。床は白河石で床暖房を施している。

1階子供室。本棚とデスクを造り付けている。

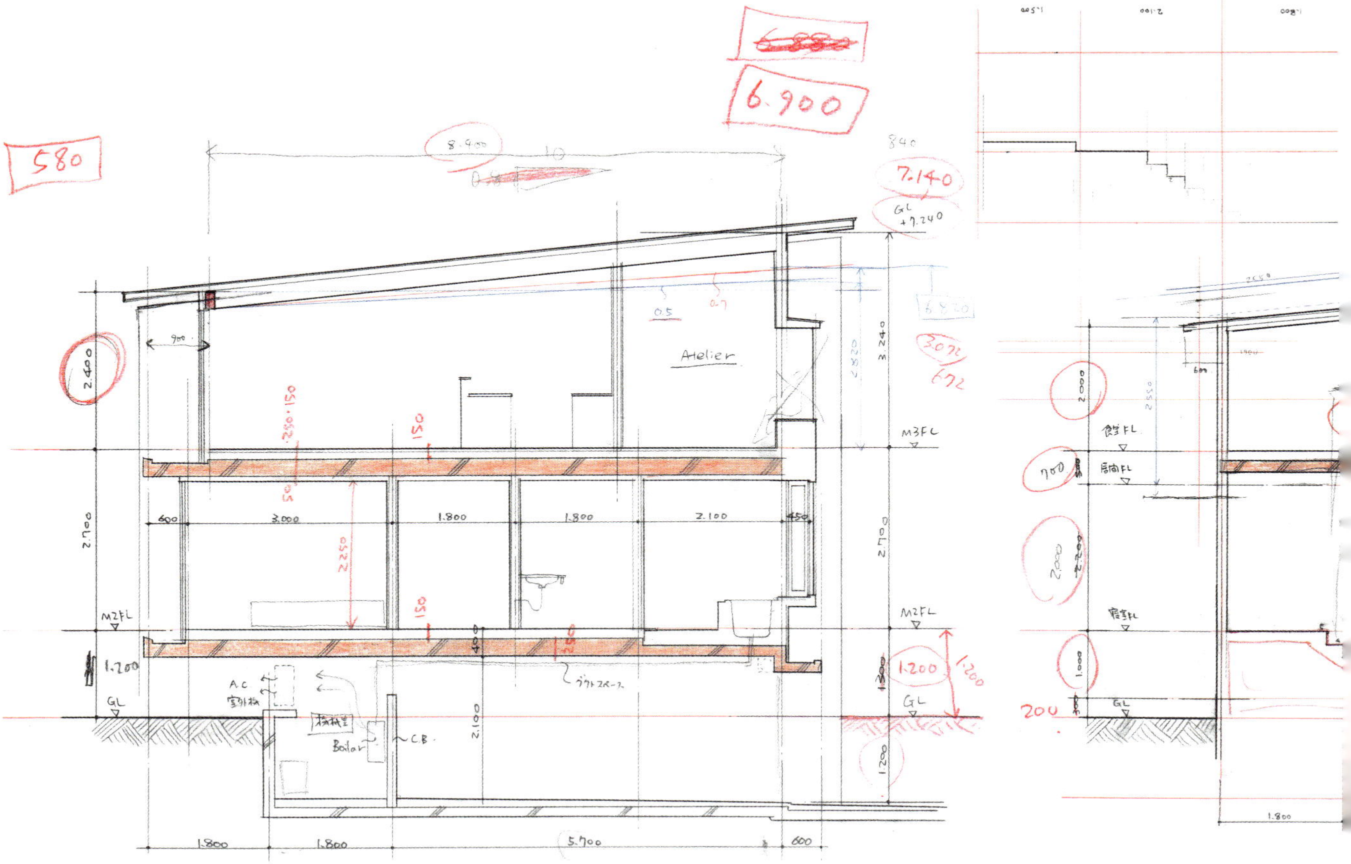
580
6.900
8.400
7.140
GL +7.240
2.400
900
Atelier
M3FL
600
3.000
1.800
1.800
2.100
450
2.700
M2FL
1.200
A.C.
室外機
機械室
Boilar
C.B.
ダクトスペース
GL
2.100
1.800
1.800
5.700
600
食堂FL
居間FL
寝室FL
200

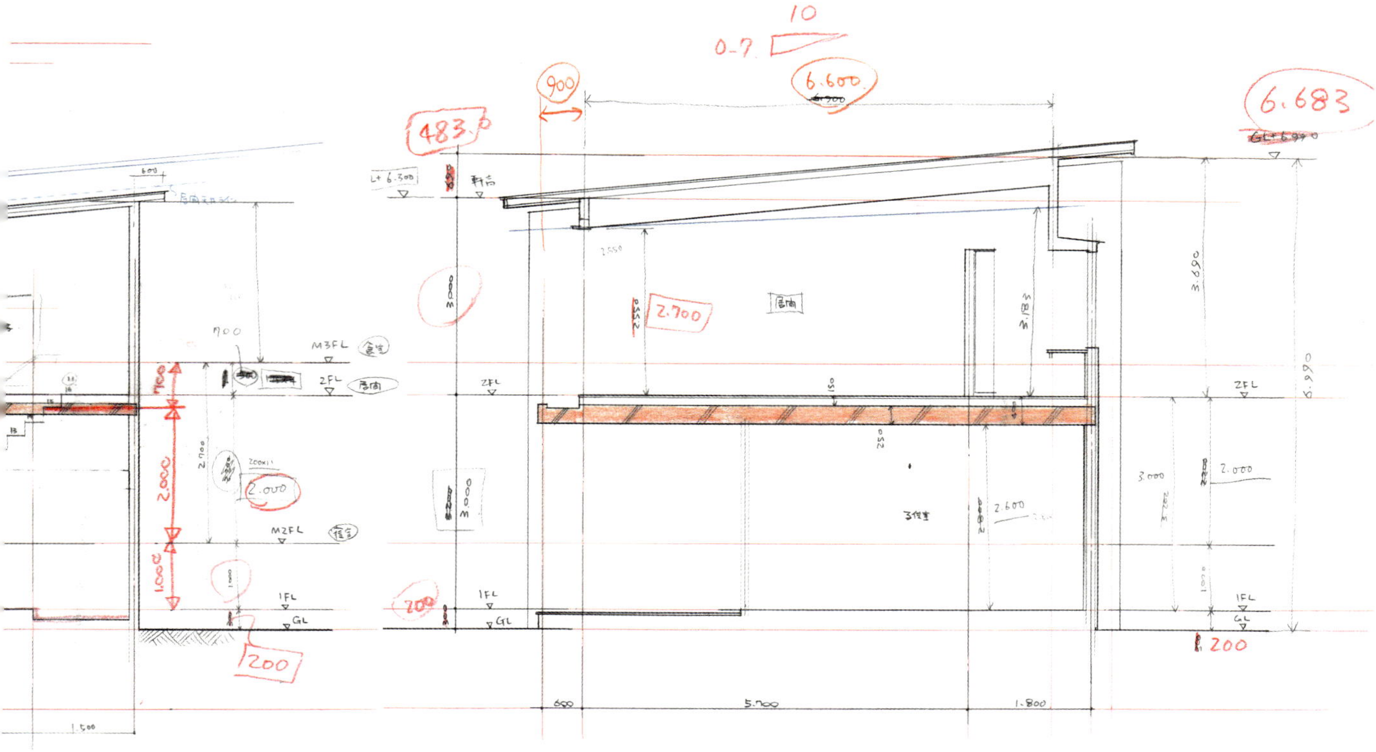

鎌倉山の家　基本設計時の断面スタディ。各ブロックの高さ関係の整合性を検討している。

302・303

2階居間。入口から西面を見る。天井高は低いところで2,700mm、高いところで3,160mm。壁は漆喰塗り、床は厚さ28mmのモミの無垢板。窓台はベンチ状になっており、その下には輻射式の暖房機を設置している。

左手は居間の裏側に設けられた書斎コーナー。居間との仕切りは衝立状の本棚。中央の白いフィンは輻射式の暖房機。居間の開口部の両脇は通風のとれる開き窓となっている。

304・305

居間北面を見る。白い衝立の裏は書斎コーナー。その左右、上部には障子を設えている。ソファー、テーブルは家具作家・傍島浩美がこの空間のためにつくったもの。

食堂を見る。天井高は低いところで2,070mm。

台所の裏に設けられたアトリエ。北側に大船の市街を見下ろすことができる。出窓には暖房の吹き出し口がある。背面には本棚を造り付けている。

食堂の南面を見る。七里ガ浜の町と相模湾を見わたすことができる。

玄関より階段室の南面を見る。コンクリートの躯体と躯体によって切り取られた空。

南面外観。扇型平面が閉じている方向は、開いている北面に比べてコンパクトに見える。左手上部の窓は居間、右手上部の窓は食堂のもの。

つくる意識——そしてその先に

古い建築を見に行くのが好きである。子供のころ訪れたことのある寺院や、かつて通りすがりに見つけて気になっていた古い家などを、何度となく見に行く。年月を経ても何度も訪れたくなるそれらの建築はいったいほかの建築とどこが違うのか、考えてみる。思い返してみると、それらの建築は「動かない」のだ。無愛想なまでに、こちらへ歩み寄ってこない。また、一時の人間の欲望や思いつきといった「現象」によって動かされてかたちができていない。そして建築が動かなければ動かないほど、自分の心が動き、多くのイマジネーションと豊かな時間を与えられていることに気づく。建築が生きる長い時間をとらえてみれば、建築が動かないこと、歩み寄らないことは、とても寛容で自由なあり方であるのだ。

一時の人の欲望や社会の軽薄な現象によって姿を変えながら動いていくものがあまりにも多い世の中で、建築こそは動かずにいてほしいと思う。人の存在や居場所を確認できる指標のような存在として、じっとしていてほしいと願う。それが建築にしかできない、建築の最も優れた表現力であると思うからだ。

数年前、はじめて出会ったクライアントが具体的な要望を一切話さず、「空から見て美しい家を設計してください」と言った。その場の雰囲気と口調から、それは「どこから見られても、どこを切っても恥ずかしくない家がほしい」と言いたいのだということが、自然に伝わった。重責を感じながらも、それまでの気持ちがどこか軽やかになり、また目線は遠くに延び、心地よく建築を考えられそうな気になったことを覚えている。

設計した建築が竣工したとき、人目につくエレベーションを眺めて、がっかりすることがある。見られることを意識してこねくり回した部分だ。なんとも居心地が悪く、後悔だけが残る。反対に、人目につかないゆえに気にかけなかった、あるいは内部の機能から「できてしまった」エレベーションが、実にいい表情をしているときがある。
速い車をつくるために必要なのは、いいブレーキをつくることだという。美しい光を採り入れようと思って窓のデザインをこねくりまわしていても、決してよい光は入ってこない。しかしながら、窓の設計から離れてよい壁をつくることに注力すると自ずとよい窓が生まれ、よい光が入ってくるようになる。同じように、リビングを設計するとき、そこに隣り合うよい納戸や物置ができると、自然とよいリビングができ上がっていたりする。
力を入れたくなるところに力を入れず、その背後を支えるものをしっかりとつくっておく。そうして「できてしまった」余白のようなところが、意外と居心地がよいのかもしれない。

どんな建築も、天と地の境界につくられる。そして必ず1Gという重力がかかっている。それは、大昔からまったく変わっていない。できることなら、そのことを感じさせる建築をつくりたいと思う。

私の設計のプロセスは、粘土をこねる作業に似ている。コンテクストを省いてかたちを研ぎ澄ますのではなく、あるいは方程式や手法にのってプランを解いていくのではなく、雑音や雑多なことをひっくるめながら手の中でかたちの着地点を探っていくやり方であると思う。しかし粘土をこねていく途中、意外なところで意図せず「理論」が見つかるときがある。
粘土をこねる作業を暗闇の航海にたとえれば、その作業の途中で見つかる「理論」はさながら、灯台の光や夜空の星にたとえられようか。灯台の光や星を見つけることが航海の目的ではないが、暗闇の航海にとってそれらが見つけられたときは勇気づけられ、これからの航海が力強いものとなる。このように、私が建築をつくるうえでの理論は、自己の存在と居場所を確認することができる、なくてはならない大切な存在なのである。
けれども、道標にすぎない「理論」が強力な武器となることを知ると、それを求めることが目的となり、本来の航海の目的が失われてしまうことに気をつけなければいけない。

おそらく古いギリシアの言葉だっただろうか。「建築家とは神に代わって風景をつくることを許された唯一の人」という言葉がある。
まったくの昔話として、捨てられてしまう言葉なのだろうか?
いや、今だからこそ、その言葉を真摯に受けとめなければならない。

屋久島の家II

2005

312・313

六角形のコート（中庭）の夜の風景。コートはゲストが気さくに集うことのできるスペースになっている。

広間よりコートを介し、建物の躯体で切り取られた海の風景を見る。地面と広間の床とは2,250mmの高低差がある。開口部の高さは1,800mm。

コート夜景。左手の窓の明かりは寝室、右手は子供室前の廊下のもの。広大な前庭には白御影石を敷き詰めた放物線のアプローチがある。

316・317

子供室前よりコートを見下ろす。床、階段は黒御影石と豆砂利洗い出しによってできている。太陽の動きに合わせて光と影がさまざまに変化する。

Plan 1/200

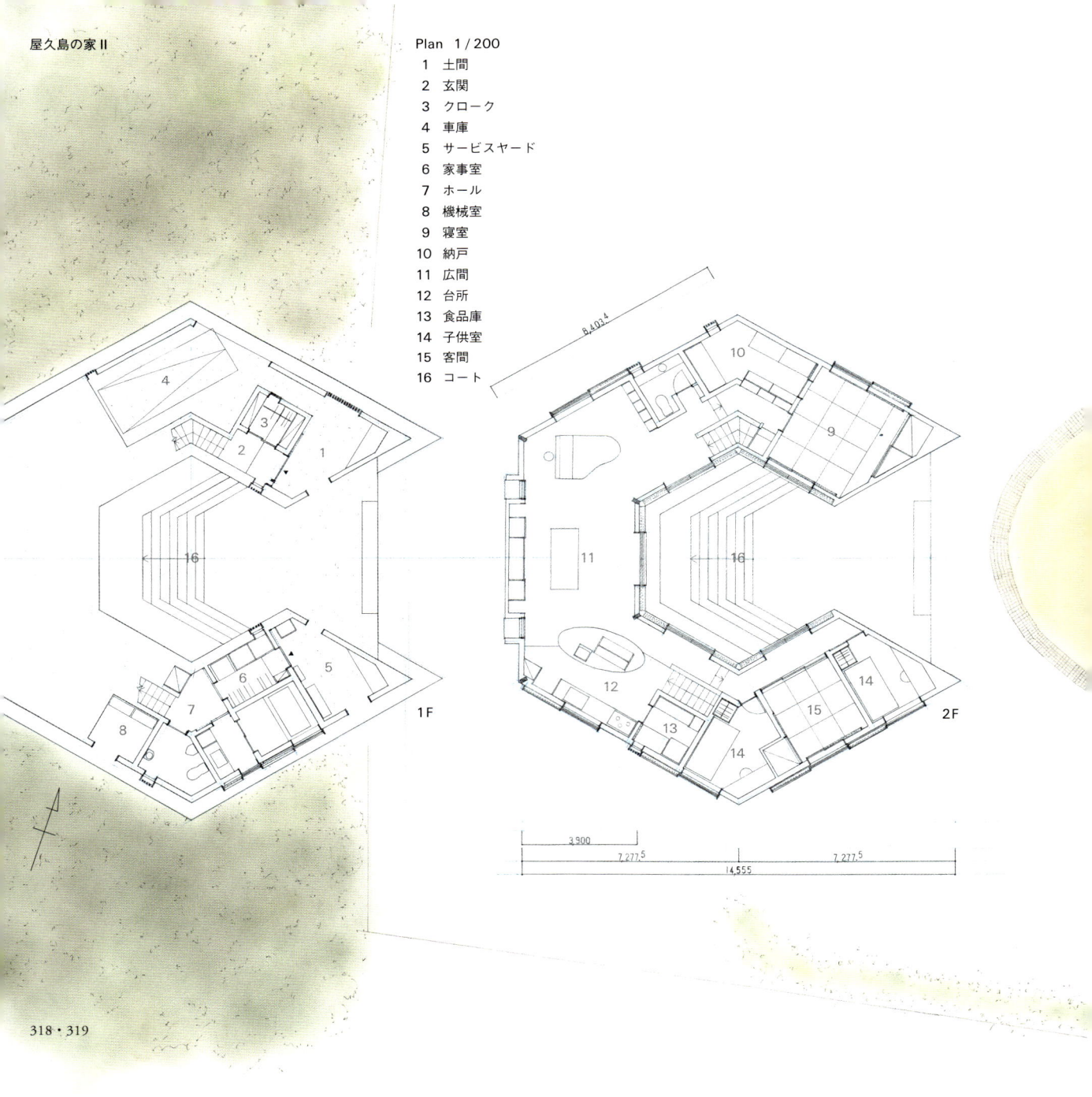

1 土間
2 玄関
3 クローク
4 車庫
5 サービスヤード
6 家事室
7 ホール
8 機械室
9 寝室
10 納戸
11 広間
12 台所
13 食品庫
14 子供室
15 客間
16 コート

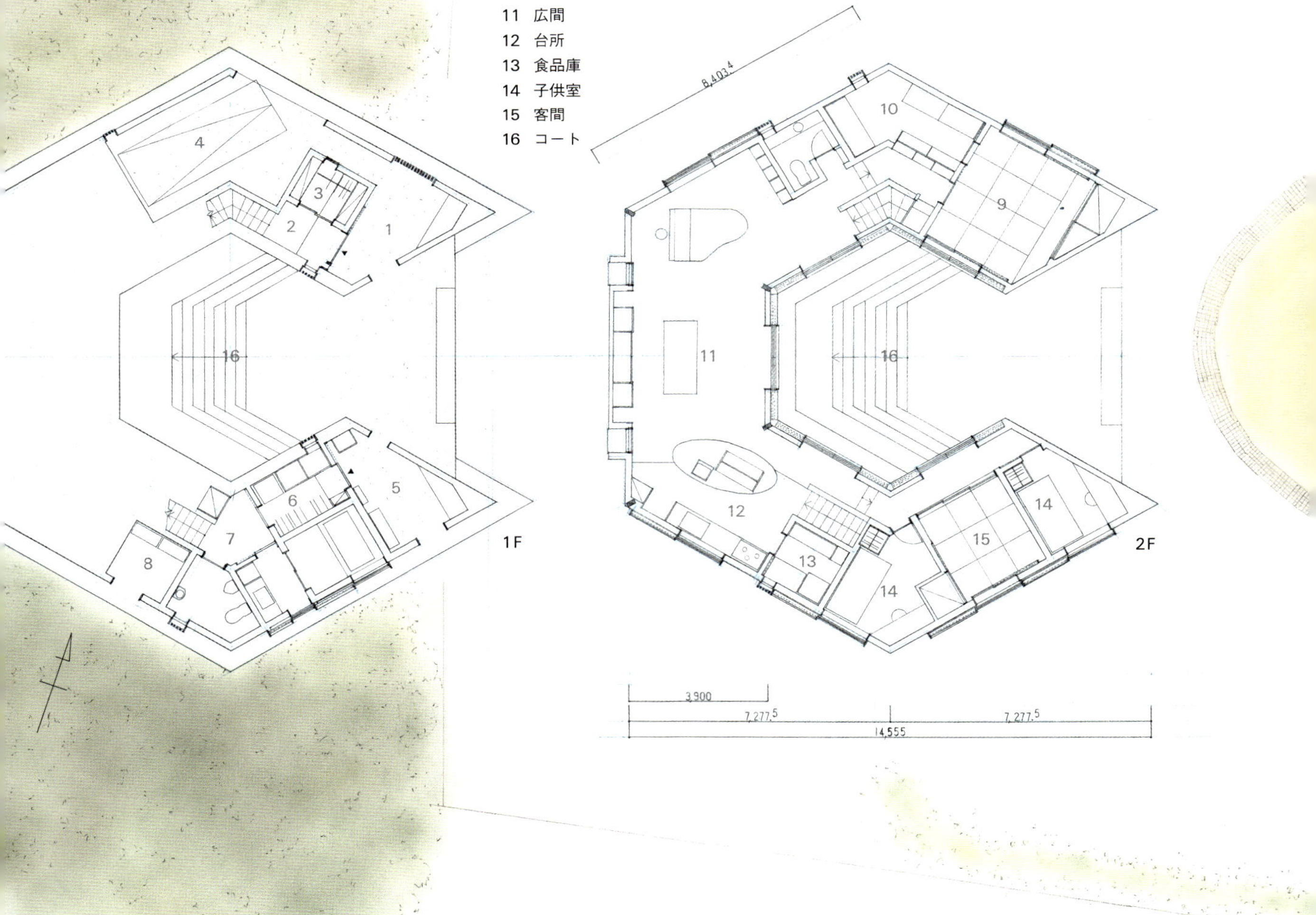

なだらかに傾斜した敷地の頂部に立つと、わずかに青い水平線をとらえることができた。同時に南側には民家や電線、駐車場があり、それらの雑多な印象のものを視界に入れずに、東側に見える海の風景と日照をどう建物に取り込むか。それが設計の最初に考えたことだった。
試行錯誤の末に、六角形のドーナツの一部が切り取られたようなプランが導かれた。そのプランによって、広間からは美しい海の風景のみを眺めることが可能となった。
家の真ん中に位置する六角形のコート（中庭）はまさにこの家の中心であり、島の日常生活の中では玄関として、子供の遊び場として、あるいは応接間としてしても機能する。またプライベートな野外音楽コンサートにもこのコートが活用されている。
躯体の隙間を抜けてコートに射し込む海からの朝陽。太陽の動きに反応して移動する陽だまりと影。六角形に切り取られた強い雨。そして青空。コートに深く映る人影。夜には、両手で包み込むように満天の星の輝きをすくう。屋久島の超自然に呼応した建築のあり方を探った。

320・321

広間より南のウィングを見る。

建物の中心に位置するコートは1,700mmの高低差があり、それを階段でつないでいる。建物に囲まれているコートは一日の太陽の動きに合わせて日陰と日向が刻々と動いていく。

広間の東面を見る。左手は寝室、右手は客間、子供室
へとつながる。天井、壁、床はすべて杉板。

左／1階玄関より2階に上がる階段を見る。階段は六角形の辺の角度に合わせて「くの字」に曲がっている。
中／寝室より広間を見る。左手は玄関から上がってくる階段。壁、床は杉板。
右／広間北面を見る。天井は構造をあらわしている。左手にはテレビやオーディオ類を扉内に収納するスペースを設けている。軒高は1,950mmと低く抑えている。

北側外観。杉板の外壁の上に杉の押し縁を打ち付けている。

築２年が経過した東側外観。六角形の建物の中に六角形のコートを内包している。

夜景。屋久島の超自然に呼応する力強いフォルムを求めた。

2階広間。平面は正五角形をしており、その4辺にぐるりと開口部をとっている。窓台の高さは360mm、窓の高さは床から1,350mm。

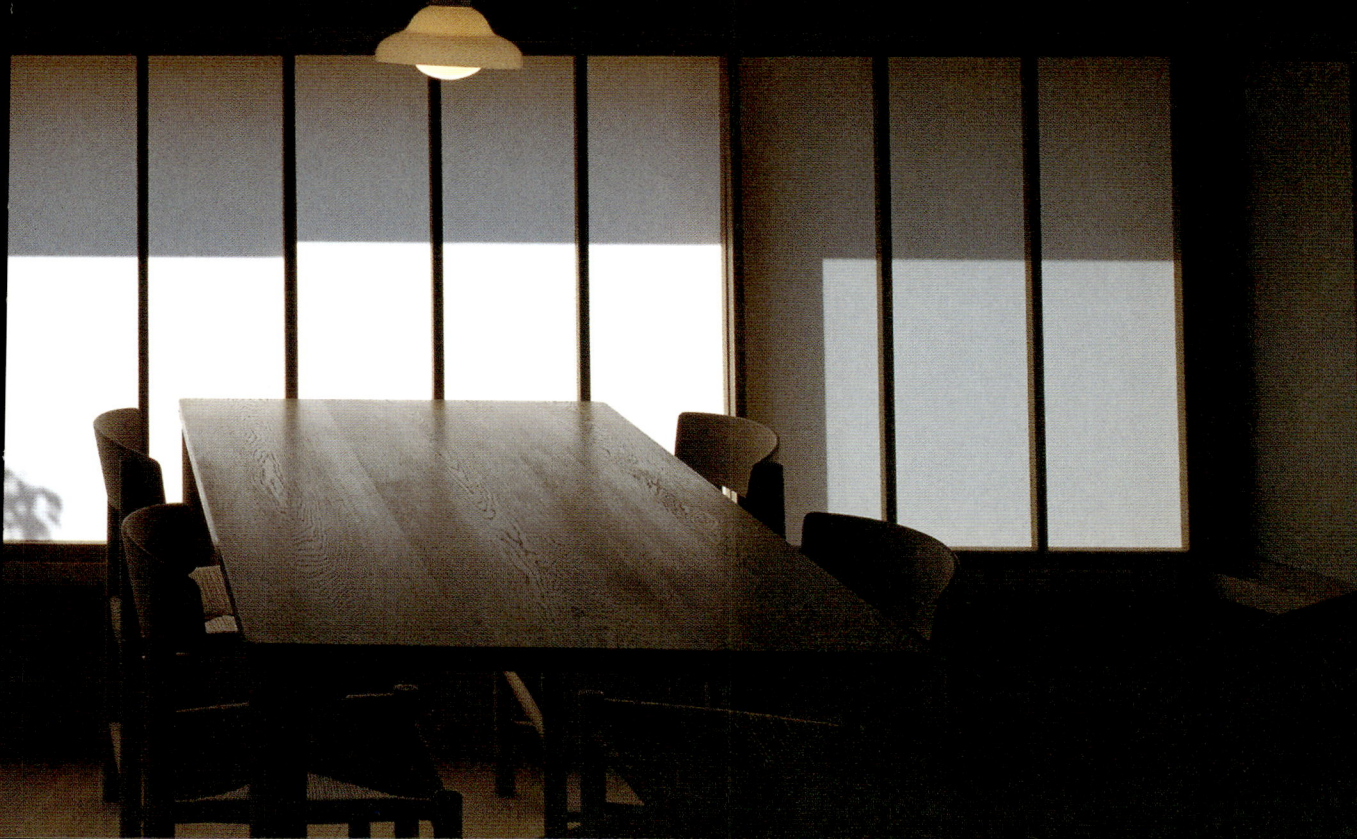

鵠沼の家

332・333

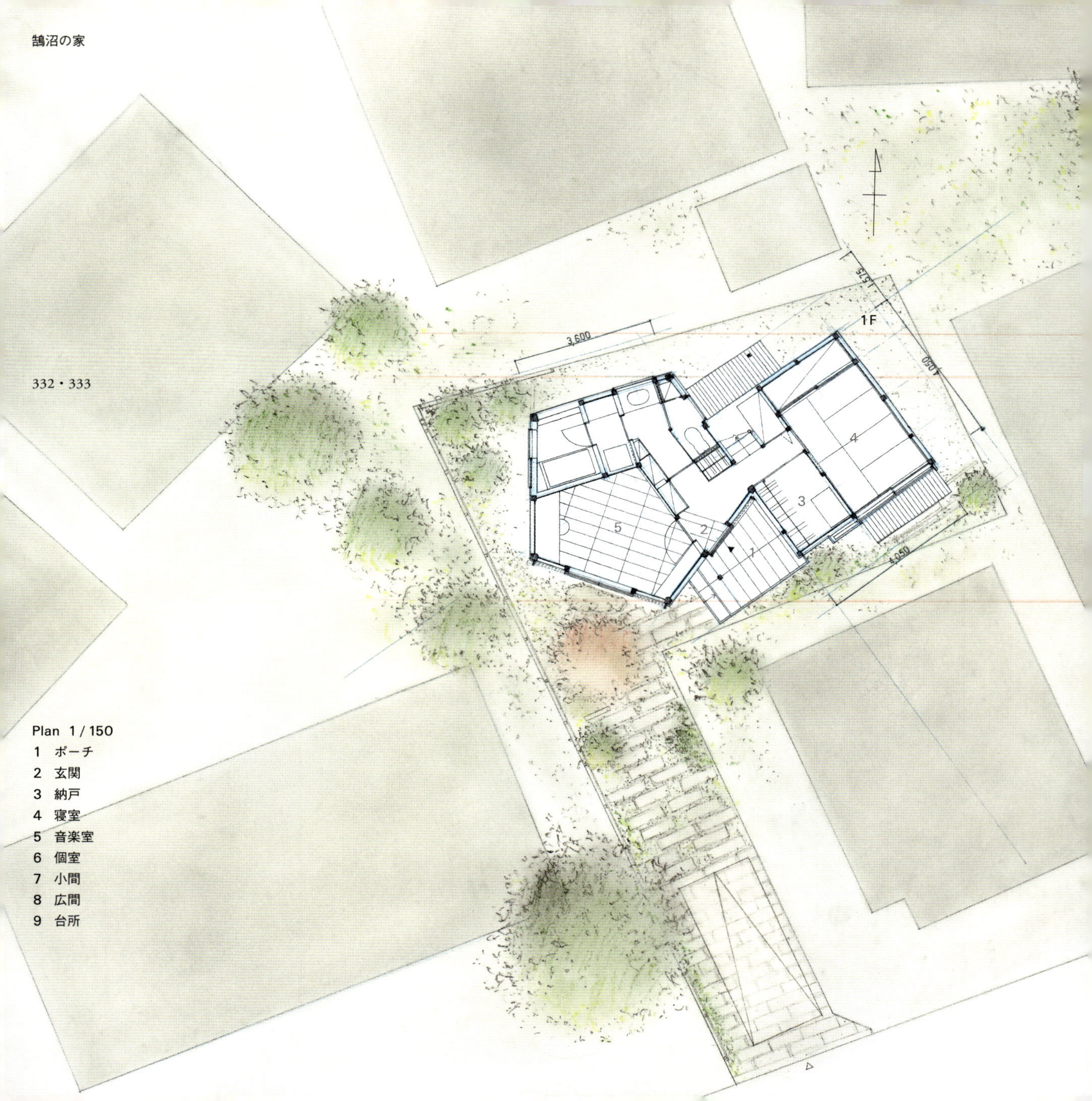

Plan 1 / 150

1 ポーチ
2 玄関
3 納戸
4 寝室
5 音楽室
6 個室
7 小間
8 広間
9 台所

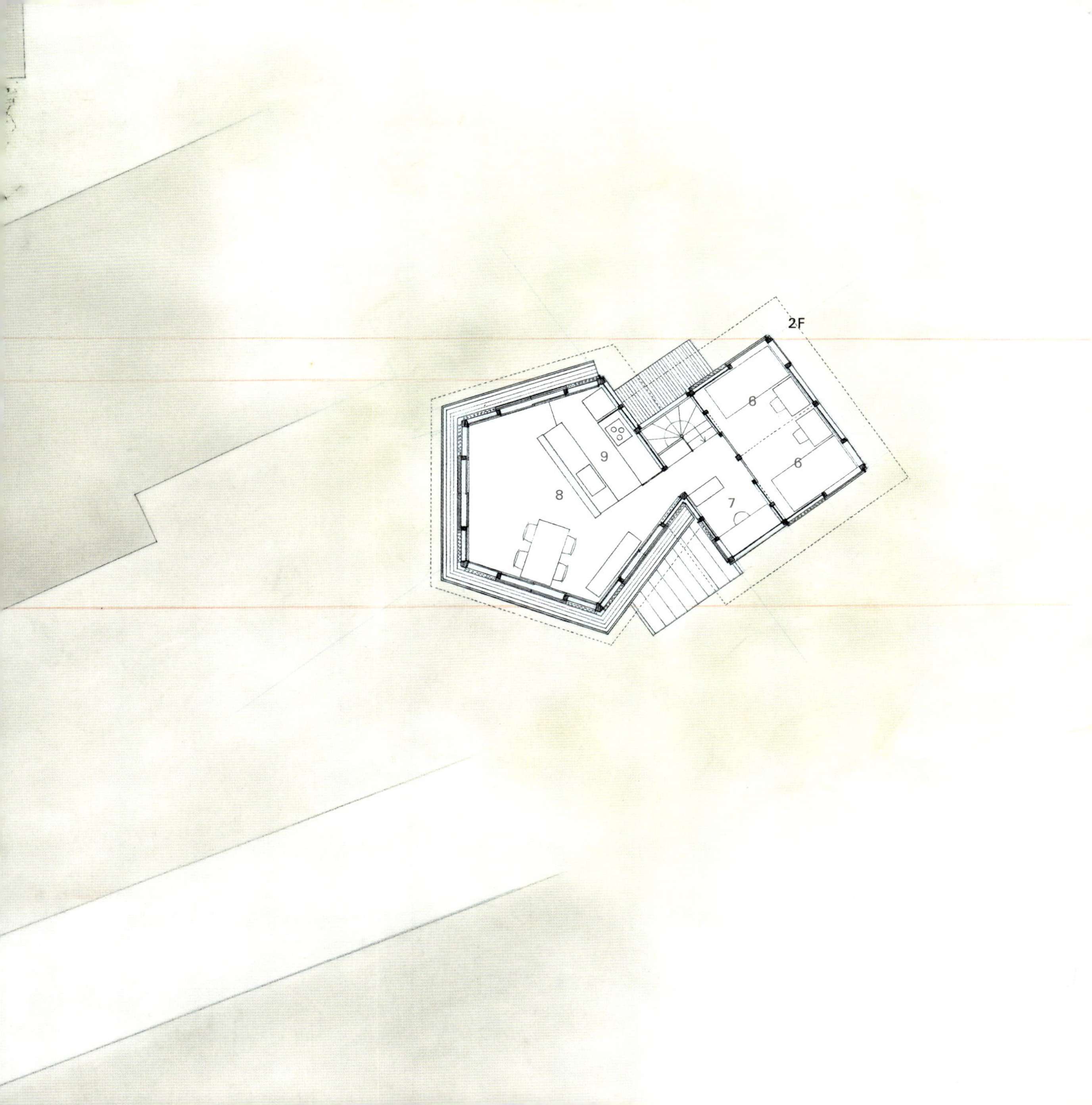
2F
6
6
9
8
7

小間から広間を見る。天井は正五角形の小屋構造をそのままあらわしている。壁は杉の柱と柱の間に椹の厚板を落とし込んでいる。床も椹の厚板。

広間の食卓の風景。窓台はそのまま外に縁台のように
延びており、腰掛けることができる。

左／鵠沼の家　基本設計時の平面スタディ。当初から
ふたつの図形の組み合わせを探っていた。

上／南面外観。2階の窓台が外にぐるりと張り出して
いる。前庭には枝垂桜が植えられた。

まるで迷路のように入り組んだ、鵠沼の住宅地の一角に建っている。
変形した敷地形状が生きるように、建物の輪郭は正五角形と正方形とを組み合わせた形とし、敷地境界との間に生まれるそれぞれの三角形の外部スペースが有効に機能するように考えた。またそれぞれの窓は敷地の対角方向に視線が延びていき、すべての窓が「生きた窓」となるように注力した。
構造は柱と柱の間に厚い板を落とし込んで剛性をもたせる板倉のような方式をとり、その構造と寸隙のない厳しい納まりによって密度の高い、家具のような精度の建築になったように思う。また多様な視界の展開のあるこの家の中にいると、限定された敷地に住んでいるのではなく、イレギュラーに入り組んだ鵠沼の街そのものに住んでいるという感覚を強くする。

喜びについて

あとがきに代えて

空間をイメージすることに素晴らしさと喜びを感じはじめたのは、大学生の終わりだった。それからは何かにとりつかれたように、誰とも会わず、話もせず、ただ借り切った教室の中でひとり、自分の思い描く空間のイメージを膨らませ、ドローイングに没頭する日々が続いた。言葉なんてない、理論などない、はっきりとした動機もない、ましてや人との共感などなかったけれども、そのたったひとりきりの透明で静かな時間、そこには至福の喜びがあった。今思えば、そのころの自分にとっての建築とは、その喜びを得るためのひとつの手段であったのではないか、と思う。

それから幸運にも現実の建築の仕事に携わることになり、多くの施主、協力者と共感を重ねながら建築を設計する機会に恵まれた。この「共感」なくしては、現実に建築をつくることはできない。人との共感の力の大切さを実感しながら、そして決してひとりきりで建築を考えているときには得られなかった、別の大きな喜びを味わうことができるようになった。

しかし、人との共感を重ねれば重ねるほど、そして人との共感の中から色々な言葉や動機を覚えていけばいくほど、あのひとりきりの透明で静かな、かけがえのない時間が失われてしまったのではないか。そんなことを思うようになった。何かを求めれば、何かが失われていく。それが設計の宿命であるかのような錯覚もあった。

これまで仕事をしてきて、建築の設計とは相反する矛盾をかかえながら、しかし長い研鑽を経て矛盾に思えたことが遠い過去の出来事となるように、いとも自然に、誰もが納得する軽やかな表現をしていくことである、そのことがわかりはじめてきた。

そして、それまで相反すると思っていたふたつの喜びも同居させることができそうに思う。いや、同居させなければならないのだ。どちらの喜びも手離すことなく、あるいはふたつの喜びの間を行ったり来たりしながら。

覚えた言葉や手法にとらわれることなく、しかし多くの人との共感の蓄積のうえに立ち、イマジネーションに満ち溢れた建築の設計の仕事をしていきたい。
今、強くそう思う。

2007年8月　堀部安嗣

作品データ

●作品名
1　所在地
2　主要用途
3　敷地面積
4　建築面積
5　延床面積
6　構造
7　規模
8　竣工
9　構造設計
10　設備設計
11　施工
12　造園

●南の家
1　鹿児島県薩摩郡
2　週末住宅
3　792.00 m^2
4　87.79 m^2
5　74.58 m^2
6　木造
7　地上1階
8　1995年5月
11　岩倉建設

●ある町医者の記念館
1　鹿児島県薩摩郡
2　記念館
3　484.92 m^2
4　81.00 m^2
5　76.05 m^2
6　鉄筋コンクリート造
7　地上1階
8　1995年4月
9　構造設計舎
11　岩倉建設

●秋谷の家
1　神奈川県横須賀市
2　専用住宅
3　1,050.67 m^2
4　98.07 m^2
5　89.44 m^2
6　木造
7　地上1階
8　1997年9月
11　堀本工務店

●大宮の家
1　埼玉県さいたま市
2　専用住宅（二世帯）
3　176.84 m^2
4　97.29 m^2
5　155.09 m^2
6　鉄筋コンクリート造＋小屋組木造
7　地上2階
8　1998年11月
9　構造設計舎
11　アルボックス時田

●伊豆高原の家
1　静岡県伊東市
2　週末住宅
3　444.00 m^2
4　435.59 m^2
5　65.60 m^2
6　木造
7　地上2階
8　1998年12月
11　肥田建築店

●ひばりが丘の家
1　東京都東久留米市
2　専用住宅（二世帯）
3　147.82 m^2
4　59.05 m^2
5　115.23 m^2
6　木造
7　地上2階
8　1999年11月
11　氏家工務店

●小平の家
1　東京都小平市
2　専用住宅（二世帯）
3　253.43 m²
4　94.15 m²
5　168.81 m²
6　木造
7　地上２階
8　2000 年５月
11　幹建設
12　青山造園

●屋久島の家
1　鹿児島県熊毛郡屋久町
2　専用住宅
3　1,472.00 m²
4　136.89 m²
5　156.19 m²
6　木造
7　地上２階
8　2000 年 11 月
11　平川良信

●牛久のギャラリー
1　茨城県牛久市
2　ギャラリー併用住宅
3　284.34 m²
4　119.23 m²
5　185.50 m²
6　木造
7　地上２階
8　2001 年４月
11　郡司建設
12　和泉勉夫

●鵜原の家
1　千葉県勝浦市
2　週末住宅
3　556.42 m²
4　103.36 m²
5　143.38 m²
6　木造
7　地上２階
8　2001 年 12 月
11　木組
12　小松造園

●軽井沢の家
1　長野県北佐久郡軽井沢町
2　週末住宅
3　1494.38 m²
4　111.98 m²
5　140.91 m²
6　鉄筋コンクリート造十木造
7　地下１階、地上１階
8　2002 年７月
9　山田憲明
11　丸山工務店
12　雨楽苑

●つくばの家
1　茨城県つくば市
2　専用住宅
3　186.88 m²
4　67.00 m²
5　107.65 m²
6　鉄筋コンクリート造十小屋組木造
7　地上２階
8　2002 年 10 月
9　山田憲明
11　郡司建設

●碑文谷の家
1　東京都目黒区
2　専用住宅
3　82.65 m²
4　39.73 m²
5　92.93 m²
6　鉄筋コンクリート造
7　地下１階、地上２階
8　2002 年 12 月
9　山田憲明
11　幹建設
12　小松造園

●逗子の家
1　神奈川県逗子市
2　専用住宅
3　132.27 m²
4　67.75 m²
5　108.50 m²
6　木造
7　地上２階
8　2003 年５月
11　マナ・アソシエイツ
12　平井園

●玉川田園調布共同住宅

1　東京都世田谷区
2　共同住宅
3　326.42 m^2
4　171.32 m^2
5　534.04 m^2
6　鉄筋コンクリート造
7　地下１階、地上３階
8　2003年８月
9　山田憲明
10　YMO
11　奥村組
12　小松造園

●赤城のアトリエ

1　群馬県勢多郡
2　アトリエ
3　197.24 m^2
4　38.75 m^2
5　62.27 m^2
6　鉄筋コンクリート造
7　地上２階
8　2003年８月
9　山田憲明
11　アルボックス時田

●八ヶ岳の家

1　長野県南佐久郡南牧村
2　週末住宅
3　1,125.00 m^2
4　93.29 m^2
5　152.00 m^2
6　木造
7　地上２階
8　2004年２月
11　八ケ岳高原ロッジ

●府中の家

1　東京都府中市
2　専用住宅
3　115.71 m^2
4　446.16 m^2
5　91.98 m^2
6　木造
7　地上２階
8　2004年４月
9　山田憲明
11　宮嶋工務店
12　小松造園

●ひたちなかの家

1　茨城県ひたちなか市
2　専用住宅
3　496.57 m^2
4　142.22 m^2
5　176.62 m^2
6　木造
7　地上２階
8　2004年７月
11　郡司建設
12　舘造園

●桜山の家

1　神奈川県逗子市
2　専用住宅
3　140.00 m^2
4　67.17 m^2
5　129.00 m^2
6　鉄筋コンクリート造＋小屋組木造
7　地上２階
8　2004年11月
9　山田憲明
11　幹建設
12　逗子ガーデン

●由比ガ浜の家

1　神奈川県鎌倉市
2　専用住宅
3　158.69 m^2
4　50.16 m^2
5　98.38 m^2
6　木造
7　地上２階
8　2004年11月
9　山田憲明
11　マナ・アソシエイツ
12　逗子ガーデン

●那珂の家

1　茨城県常陸大宮市
2　専用住宅
3　479.42 m^2
4　82.24 m^2
5　70.47 m^2
6　木造
7　地上１階
8　2005年１月
11　佐藤工務所
12　舘造園

●鎌倉山の家

1　神奈川県鎌倉市
2　専用住宅
3　424.33 m^2
4　93.64 m^2
5　216.32 m^2
6　鉄筋コンクリート造＋小屋組木造
7　地下１階、地上２階
8　2005年６月
9　山田憲明
11　sobi
12　逗子ガーデン

●屋久島の家II

1　鹿児島県熊毛郡上屋久町
2　専用住宅
3　2,481.08 m^2
4　121.48 m^2
5　186.19 m^2
6　木造
7　地上２階
8　2005年５月
11　平川良信
12　寿哲男、浜田芳郎

●鵠沼の家

1　神奈川県藤沢市
2　専用住宅
3　128.41 m^2
4　43.11 m^2
5　79.74 m^2
6　木造
7　地上２階
8　2006年２月
9　山田憲明
11　宮嶋工務店
12　小松造園

344・345

改修作品

●阿佐ヶ谷の家
1 東京都杉並区
2 専用住宅
3 105.58 m²
4 40.11 m²
5 99.93 m²
6 木造
7 地上3階
8 1997年10月
11 氏家工務店（改修部分）

●目白通りの家
1 東京都豊島区
2 専用住宅
3 132.30 m²
4 100.36 m²
5 295.09 m²
6 鉄骨造
7 地上3階
8 2001年5月
9 山田憲明
11 幹建設（改修部分）

●表参道テラスハウス

1　東京都渋谷区
2　共同住宅
3　276.12 m²
4　170.66 m²
5　305.77 m²
6　鉄筋コンクリート造
7　地上２階
8　2002年12月
11　創美（改修部分）

●ジュネス自由が丘

1　東京都世田谷区
2　女子学生会館
5　287.60 m²（改修部分）
6　鉄筋コンクリート造
7　改修部分　地上１階
8　2005年12月
11　奥村組（改修部分）

●ひねもすのたり

1　東京都杉並区
2　店舗
5　37.26 m²（改修部分）
6　木造
7　地上２階
8　2006年７月
11　桜友ハウジング（改修部分）

クレジット・初出一覧

クレジット

写真・スケッチ／堀部安嗣

Plan・外構ドローイング制作／立花紗由美

協力／堀部安嗣建築設計事務所　松本美奈子、丸山 弾

初出一覧

「form and imagination」………書き下ろし

「居場所の感覚」………書き下ろし

「心に思い描くこと」………『memento mori』（1999年）

「人と場所と時をつなぐもの」………『時の居場所』（2003年）

「高貴にして寛容」………書き下ろし

「記憶のかけら」………『新建築』2004年2月号に加筆

「建築が生まれるとき」………書き下ろし

「つくる意識――そしてその先に」………「建築は動かない」『新建築住宅特集』2005年8月号より抜粋

「喜びについて」………書き下ろし

著者略歴

堀部安嗣（ほりべ・やすし）

1967年 神奈川県横浜市生まれ
1990年 筑波大学芸術専門学群環境デザインコースを卒業
1991-94年 益子アトリエにて益子義弘に師事
1994年 堀部安嗣建築設計事務所を設立
2002年 第18回吉岡賞を「牛久のギャラリー」で受賞
2003年より東京理科大学非常勤講師
2007年より京都造形芸術大学大学院教授

出版
『memento mori』／森オフィス、1999年
『時の居場所』／鈴木義和＆鈴木葉子、2003年
『静寂の音 Sound of Silence』／静寂の音の会、2003年

展覧会
「繊細」日本建築展／共同展、メキシコ国立建築博物館・メキシコ、2003年
「memento mori」／法然院、京都、2004年
「静寂の音 Sound of Silence」出版記念展／南洋堂書店・東京、2005年
galleria abitare 開廊記念展／ガレリア・アビターレ・東京、2005年
「繊細」日本建築展巡回展／共同展、オスナブルック・ドイツおよびイスタンブール・トルコ、2005年

堀部安嗣の建築

form and imagination

2007年11月30日　初版第1刷発行
2022年 3 月30日　初版第7刷発行

著者／堀部安嗣

発行者／伊藤剛士
発行所／TOTO出版（TOTO株式会社）
〒107-0062　東京都港区南青山1-24-3　TOTO乃木坂ビル2F
［営業］Tel. 03-3402-7138　Fax. 03-3402-7187
［編集］Tel. 03-3497-1010
URL／https://jp.toto.com/publishing

ブックデザイン／山口信博＋大野あかり
印刷・製本／図書印刷株式会社

定価はカバーに表示してあります。

Printed in Japan
ISBN978-4-88706-287-0